DÉCIDER, C'EST PAS SORCIER

DÉCIDER, C'EST PAS SORCIER

Le guide pour prendre de meilleures décisions

Titre original : *Amazing Decisions*

Suivi éditorial : Céline de Quéral
Adaptation de maquette : François Giraudet
Design de couverture : Célia Cousty

une marque des Éditions Leduc.s
10, place des Cinq-Martyrs-du-Lycée-Buffon
75015 Paris - France

ISBN : 978-2-37935-094-8

DAN ARIELY,
auteur best-seller du *New York Times*

DÉCIDER, C'EST PAS SORCIER

Illustré par
MATT R. TROWER

Le guide pour prendre de meilleures décisions

Traduit de l'anglais (États-Unis) par
VALENTINE PALFREY

ALISIO

SOMMAIRE

1. Deux mondes différents **11**

2. La sphère privée **49**

3. Donner pour recevoir **61**

4. Au travail ! **83**

5. Volonté et motivation au travail **91**

6. Aller-retour pour le marché **125**

7. Question de bon sens **143**

8. À grande échelle **175**

9. Mise en pratique ! **199**

Notes **213**

Remerciements **217**

CHAPITRE UN

DEUX MONDES DIFFÉRENTS

JE M'APPELLE DANA.
MA MISSION? VOUS AIDER
À PRENDRE LES BONNES DÉCISIONS,
POUR UN MONDE MEILLEUR!
AMAZING DECISIONS
VOUS POSEZ-VOUS CE GENRE DE QUESTIONS :
DOIS-JE PRÊTER DE L'ARGENT À CET AMI?
IL ME DOIT TOUJOURS 50 €!
COMMENT MOTIVER MES SALARIÉS?
DES PRIMES DE RÉSULTATS!
PLUS DE VACANCES!
COMMENT TROUVER LE BON CADEAU?
TOUTES CES DÉCISIONS ONT UN POINT COMMUN.
DÉCOUVRONS LEQUEL!

COMMENÇONS AVEC ADAM QUI, VOUS LE VERREZ, A BESOIN D'AIDE...
MERCI DE M'AVOIR CONDUIT AU BUREAU ! TU ES UN SUPER AMI.
DE RIEN ! SIX MINUTES DE TRAJET, ÇA FAIT... 3,50 €.
HEU... TU PLAISANTES, LÀ?
? ?
MAIS... JE... JE...
UN PEU PLUS TARD...
OK, VOICI LA LISTE DES TÂCHES DÉVOLUES AU STAGIAIRE. LIS-LA BIEN ATTENTIVEMENT !
OUCH...
ET PUIS...
PEUX-TU M'AIDER À DÉPLACER CE BUREAU?
BOF
HÉSITATION
C'EST QUOI LE PROBLÈME?
BAH... C'EST PAS SUR LA LISTE.
AAAARGH...

CE N'EST PAS TOUT...
ALLÔ, MAMAN !
SIX MOIS SANS DONNER DE NOUVELLES ET TU M'ENVOIES UN BON STARBUCKS DE 10 € POUR LA FÊTE DES MÈRES ??
MAIS... MAIS... TU N'AIMES PLUS LE CARAMEL MACCHIATO ?
J'AIME SURTOUT QUAND TU VIENS ME VOIR !
OUPS.
ADAM SEMBLE TOUT FAIRE DE TRAVERS.

ESTHER, LA FEMME D'ADAM, LUI A ORGANISÉ UNE FÊTE D'ANNIVERSAIRE...
TOC!
TOC!
JEFF! ENTRE! TU ES LE PREMIER!
BON ANNIVERSAIRE!

OH.
LE KIT PIÈCE MONTÉE
OH, TOP! MERCI!
JE T'EN PRIE, ASSIEDS-TOI!
ARGH.
LA LOSE...
ADAM! TRACY ET MIKE SONT LÀ, ILS ONT UN CADEAU POUR TOI!
J'ARRIVE!
ÇA NE PEUT PAS ÊTRE PIRE, HEIN?

POURTANT, QUELQUES CADEAUX PLUS TARD…
AH, OUI ! ORIGINAL !
BOÎTE À MOUCHOIRS BALEINE
ÇA ME MANQUAIT !
ROBOT CALCULATRICE
123
ON
C'EST… TRÈS CHIC. MERCI.
BOA EN PLUMES

OÙ VAIS-JE RANGER TOUT CE BAZAR?
HUGE ALE.co
LE KIT PIÈCE MONTÉE

POUF!
TELLEMENT INUTILE!
QUI ÊTES-VOUS?
JE SUIS LA FÉE MARCHÉ, VENUE POUR T'EXPLIQUER DEUX, TROIS TRUCS...
POURQUOI OFFRIR DES CADEAUX QUI FINIRONT AU FOND D'UN PLACARD?
NE PRÉFÉRERAIS-TU PAS DE L'ARGENT LIQUIDE?
AH ÇA, C'EST SÛR, ÇA M'ARRANGERAIT BIEN...
ÉCOUTE-MOI...

TU SAIS… CE MONDE EST SANS PITIÉ, ET JE VAIS TE DIRE POURQUOI!
NOUS SOMMES ACCROS À LA CONCURRENCE ET AU LIBÉRALISME.
ACHETEZ! ACHETEZ!
ACHETEZ! ACHETEZ!
VENDEZ! VENDEZ! VENDEZ!
CONSERVEZ! CONSERVEZ!
VEND
CHACUN ROULE POUR LUI, ON VEUT DES SALAIRES TOUJOURS PLUS ÉLEVÉS ET DES PRIX PLUS BAS!
NOUS RENDONS SERVICE… EN ATTENDANT LE RETOUR D'ASCENSEUR.
time is money!!
L'INTÉRÊT PERSONNEL PASSE AVANT TOUT, ET L'ARGENT FAIT TOURNER LE MONDE.
↑€€€!
↓€!
HUM… TU AS TOUT À FAIT RAISON, MAIS QUEL RAPPORT AVEC MES CADEAUX D'ANNIVERSAIRE?

CES CADEAUX FONT PERDRE À TOUS DU TEMPS ET DE L'ARGENT !
POURQUOI NE PAS SE SIMPLIFIER LA VIE EN LA CONSIDÉRANT COMME UNE TRANSACTION COMMERCIALE?
CLIC
CLAC
COMPLÈTEMENT D'ACCORD ! EFFICACITÉ, JE CRIE TON NOM ! JETONS LES CONVENTIONS SOCIALES AUX ORTIES !
VOILÀ !
ÇA ME DONNE UNE IDÉE...
LA SEMAINE SUIVANTE, CHEZ LES BEAUX-PARENTS...
PILE À L'HEURE ! ENTREZ !

TOUTE LA FAMILLE EST RÉUNIE, QUEL BONHEUR !
QUEL FESTIN !
LÉGUMES DU POTAGER
EXCELLENT VIN
CÉLÈBRE QUICHE À LA PATATE DOUCE
MAMIE PRÉVOIT TOUJOURS TROP DE HARICOTS VERTS, MAIS IL N'EN RESTE JAMAIS !
ENCORE DE LA SAUCE, AU CAS OÙ...
FABULEUSE SAUCE MAISON
GRATIN JAMBON-COQUILLETTES, ON SE L'ARRACHE !
ENCORE DES PATATES DOUCES !
(DU BEURRE, PARCE QU'IL EN FAUT QUAND MÊME)
LES CHOUX PRÉFÉRÉS DE PAPI
PLUS TARD...
MAMAN, ADAM A QUELQUE CHOSE À TE DIRE.
HUM.

CE REPAS ÉTAIT FANTASTIQUE.
J'EN AI SAVOURÉ CHAQUE BOUCHÉE.
JE VOUS DOIS COMBIEN POUR LE TEMPS ET LE TRAVAIL CONSACRÉS À CE FESTIN SPLENDIDE?
300 € ÇA IRAIT?
HEU, NON, DISONS PLUTÔT 400?
SILENCE

CHÉRI, JE TE L'AI DÉJÀ DIT 100 FOIS, L'ESTIME DE MA MÈRE NE S'ACHÈTE PAS !
QUEL GENRE DE TYPE PROPOSE DE PAYER UN DÎNER DE FAMILLE ?
WHA ?!
UGGHHHH...
IL FAIT PLEURER MAMIE !
QUEL GOUJAT !

JE PENSAIS AVOIR PROPOSÉ UN BON PRIX...
SOUPIR
MINCE ! QUE S'EST-IL PASSÉ ?
POUR LA FÉE MARCHÉ, S'EN TENIR À L'ARGENT FACILITE LA VIE ! JE N'Y COMPRENDS PLUS RIEN !

POUF!!
IL FALLAIT PLUTÔT AIDER À FAIRE LA VAISSELLE…
HEIN?!
BONJOUR, JE SUIS LA FÉE SOCIALE, UNE SUPER PRO.
TU N'AS RIEN COMPRIS À L'ÉCHANGE SOCIAL.
OUI, APPAREMMENT.
HÉ! NE SOIS PAS TROP DUR ENVERS TOI MÊME!
PAT
PAT

PARFOIS, OBSÉDÉS PAR LA PERFORMANCE ET LE PROFIT, NOUS JUGEONS MAL LES SITUATIONS.
TU AS CRU QU'OFFRIR DU CASH EN ÉCHANGE DE CE REPAS SERAIT LA MEILLEURE FAÇON DE MANIFESTER TA GRATITUDE.
QU'EST-CE QUE J'AI LOUPÉ ?
LAISSE-MOI T'EXPLIQUER...
LA FÉE MARCHÉ NE T'A PAS TOUT DIT !
DANS UN CONTEXTE SOCIAL, NOUS AGISSONS COMPLÈTEMENT DIFFÉREMMENT !
NOUS DONNONS DE NOTRE TEMPS ET FAISONS DES EFFORTS SANS RIEN ATTENDRE EN RETOUR.

REGARDE...
NOUS RENDONS SERVICE, PARTAGEONS DES REPAS, CULTIVONS DES AMITIÉS ! NOUS VOULONS NOUS INTÉGRER ET ÊTRE BIEN CONSIDÉRÉS.
MERCI !
UP
HEY !
VOTRE DON, MERCI !

NOUS ATTENDONS NOTRE TOUR, MARCHONS POLIMENT LES UNS DERRIÈRE LES AUTRES.

ENTENDS-TU ICI QUELQU'UN PARLER D'ARGENT ? NON, PERSONNE !
CHACUN S'APPRÉCIE, ET VOILÀ TOUT !

C'EST BIEN BEAU TOUT ÇA, MAIS LA FÉE MARCHÉ M'A APPRIS EXACTEMENT L'INVERSE!
ELLE M'A DIT QUE C'ÉTAIT CHACUN POUR SOI...
POURTANT, CES GENS ONT L'AIR DE TRÈS BIEN S'ENTENDRE...
COMMENT SAVOIR SI JE DOIS AGIR SUR UN MODE SOCIAL OU COMMERCIAL?
ADAM, PAS DE PANIQUE! JE M'APPELLE DANA ET JE SUIS LÀ POUR T'AIDER À COMPRENDRE...

NOUS POUVONS ÊTRE ATTACHÉS À DES VALEURS APPAREMMENT OPPOSÉES CAR NOUS VIVONS À CHEVAL SUR DEUX MONDES RADICALEMENT DIFFÉRENTS.
L'UN EST RÉGI PAR LA LOI DU MARCHÉ...
... L'AUTRE PAR LES NORMES SOCIALES.
LES NORMES SONT LES PRINCIPES QUI GUIDENT LE COMPORTEMENT ATTENDU DANS UNE SITUATION DONNÉE.
OBSERVONS CHACUN DE CES MONDES...

À QUOI RESSEMBLE LA VIE DANS LE MONDE STRICT DES NORMES DU MARCHÉ?
€€€
€!
ICI, LES ÉCHANGES SE FONT ENTRE PARTENAIRES COMMERCIAUX, PAS ENTRE AMIS.
TRÈS LOGIQUE!
SUR LA BASE D'UNE ANALYSE MINUTIEUSE COÛT/AVANTAGES, CHACUN RECHERCHE AVANT TOUT SON PROPRE INTÉRÊT.

CE MONDE N'EST PAS DÉPOURVU D'HUMANITÉ; IL MET EN AVANT DES VALEURS TELLES QUE L'AUTONOMIE ET LA PRODUCTIVITÉ.
OUI, UN MONDE OÙ L'ON S'ATTEND À RECEVOIR EXACTEMENT CE POUR QUOI ON A PAYÉ...
... NI PLUS, NI MOINS.
PAR EXEMPLE, TU ATTENDS D'UN APPARTEMENT QU'IL SOIT BIEN CHAUFFÉ, MAIS SURTOUT QU'IL SOIT À TOI LE TEMPS DU BAIL.
EN ÉCHANGE, LE PROPRIÉTAIRE EXIGE UN LOYER PAYÉ À TEMPS CHAQUE MOIS.
LOYER
TOUTEFOIS, CE SERA À TOI DE PAYER POUR CETTE VITRE CASSÉE PAR UN BALLON DE FOOT.
ET L'AUTRE MONDE ALORS?

ALLONS-Y!

DANS L'UNIVERS DOUILLET DES NORMES SOCIALES...
... LE DÉVELOPPEMENT ET L'ENTRETIEN DES RELATIONS SOCIALES SONT LA PRIORITÉ.
MERCI!
DE RIEN!

ICI, PERSONNE N'ATTEND JAMAIS DE RETOUR SUR INVESTISSEMENT.
LA RÉCIPROCITÉ INTERVIENT NATURELLEMENT.
SI TU AIDES TON VOISIN À DÉPLACER SON CANAPÉ...
... TU NE T'ATTENDS PAS À CE QU'IL VIENNE IMMÉDIATEMENT DÉMÉNAGER TA BIBLIOTHÈQUE.
NON, BIEN SÛR !
MAIS JE SAIS QU'IL ME DOIT UN SERVICE.
VOILÀ !

CES DEUX UNIVERS FONCTIONNENT TRÈS BIEN CHACUN DE LEUR CÔTÉ...
OÙ EST LE PROBLÈME?
TU VAS VOIR.
MARCHÉ
SOCIAL
QUAND CES DEUX MONDES ENTRENT EN COLLISION...
ZZZAP
ZZZP!
ÉTINCELLES!!!
HEUREUSEMENT, NOUS SAVONS NAVIGUER ENTRE LES SUBTILITÉS DES NORMES SOCIALES ET CELLES DU MARCHÉ.
LA RECHERCHE NOUS AIDE À COMPRENDRE COMMENT NOUS RÉAGISSONS, SELON LA SITUATION, QU'ELLE SOIT ÉCONOMIQUE OU BIEN SOCIALE.
FRRTT
FRRTT

JAMES HEYMAN ET DAN ARIELY, CHERCHEURS EN ÉCONOMIE COMPORTEMENTALE, ONT ÉTUDIÉ NOTRE SENSIBILITÉ À CES NORMES.
NOS SUJETS DEVAIENT GLISSER UN CERCLE DANS UN CARRÉ, SUR UN ÉCRAN D'ORDINATEUR.
À CHAQUE CERCLE GLISSÉ CORRECTEMENT DANS LE CARRÉ...
PING!
... UN AUTRE CERCLE APPARAISSAIT!
GLISSEZ AUTANT DE CERCLES QUE POSSIBLE EN TROIS MINUTES. ENSUITE, VOUS POURREZ PARTIR.
3:00
LA TÂCHE EST SIMPLE, MAIS TRÈS MONOTONE. LE NOMBRE DE CERCLES GLISSÉS DANS LE CARRÉ REPRÉSENTE L'EFFORT QUE LE SUJET EST PRÊT À CONSACRER À CETTE TÂCHE.

LES SUJETS ONT ÉTÉ RÉPARTIS AU HASARD DANS TROIS GROUPES. LES CHERCHEURS ONT RECOURS À LA RÉPARTITION ALÉATOIRE POUR QUE LES DISPARITÉS OBSERVÉES ENTRE LES GROUPES SOIENT DUES À L'EXPÉRIENCE EN ELLE-MÊME, ET NON AUX DIFFÉRENCES ENTRE LES INDIVIDUS.
... AINSI, LES DIFFÉRENCES ET SINGULARITÉS DE CHACUN S'ÉQUILIBRENT.
(PLUS LES GROUPES SONT IMPORTANTS, MIEUX C'EST.)
ALÉATOIRE !
ON PARLE ALORS DE « GROUPES EXPÉRIMENTAUX ».
IL PEUT Y AVOIR UN « GROUPE TÉMOIN », NON SOUMIS AU PRINCIPE TESTÉ DURANT L'ÉTUDE.
ON REVOIT LES BASES !
ICI, POUR LE MÊME TRAVAIL, CHAQUE GROUPE A REÇU UNE RÉTRIBUTION DIFFÉRENTE.

CETTE ÉTUDE A ÉTÉ MENÉE SUR TROIS GROUPES – DEUX EXPÉRIMENTAUX ET UN TÉMOIN. LES MEMBRES DE L'UN DES GROUPES EXPÉRIMENTAUX ONT ÉTÉ PAYÉS 4 € AVANT DE SE METTRE AU TRAVAIL.
JE SUIS LÀ POUR L'ÉTUDE...
YOUPI !
4 €
HM...
LES MEMBRES DE L'AUTRE GROUPE EXPÉRIMENTAL ONT REÇU 10 CENTIMES AVANT DE SE METTRE AU TRAVAIL.
JE SUIS LÀ POUR L'ÉTUDE...
NUL.
10
HM...
DANS LA PLUPART DES ÉTUDES (DONT CELLE-CI), LES SUJETS FONCTIONNENT « EN AVEUGLE », ILS CONNAISSENT UNIQUEMENT LEUR TÂCHE.
ILS NE SAVENT DONC RIEN DES AUTRES SUJETS, NI DES AUTRES GROUPES.

LES RÉSULTATS MONTRENT QUE LES SUJETS LES MIEUX PAYÉS ONT TRAVAILLÉ PLUS, AVEC ENVIRON 50 % DE CERCLES DE PLUS.
EN DONNANT EXACTEMENT CE POUR QUOI ILS ÉTAIENT PAYÉS, ILS SE SONT COMPORTÉS CONFORMÉMENT AUX NORMES DU MARCHÉ.
RÉMUNÉRATION
CERCLES
4 €
159
10 C
101
MAIS CE N'EST PAS TOUT !
LES MEMBRES DU GROUPE TÉMOIN N'ONT REÇU AUCUNE RÉTRIBUTION. IL N'A PAS ÉTÉ UNE SEULE FOIS QUESTION D'ARGENT.
C'EST POUR RENDRE SERVICE !
ONT-ILS AGI SELON LES NORMES DU MARCHÉ?
PAS D'ARGENT
PAS D'EFFORT
???

EH NON! 168 CERCLES POUR NOUS!
PLUS QUE LES GROUPES PAYÉS!
159 CERCLES
4 €
168 CERCLES
PAS D'ARGENT
101
10 C
ZZZZ
NOUS TRAVAILLONS DONC PLUS « POUR RIEN » QUE POUR « QUELQUE CHOSE »?
RÉCOMPENSE SOCIALE
EFFORT
MAXIMAL!
LE CADRE – SOCIAL OU COMMERCIAL – JOUE CONSIDÉRABLEMENT SUR NOTRE MOTIVATION ET NOS ACTIONS.
JE SUIS HEUREUX D'AVOIR AIDÉ CES CHERCHEURS EN DONNANT DE MON TEMPS!
POURQUOI DEVRAIS-JE TRAVAILLER AUTANT POUR 10 CENTIMES? MON TEMPS VAUT PLUS QUE ÇA!

DEMANDER AUX SUJETS DE PARTICIPER SANS ÉVOQUER DE RÉMUNÉRATION MONTRE LA PUISSANCE DE LA NORME SOCIALE : ILS ONT TRAVAILLÉ DUR PAR PURE BONNE VOLONTÉ.
DÈS QU'IL EST QUESTION D'ARGENT – MÊME 10 CENTIMES –, LA TÂCHE DEVIENT UN TRAVAIL RÉMUNÉRÉ ET L'EFFORT EST AJUSTÉ EN CONSÉQUENCE.
DONC, MÉLANGER APPROCHE SOCIALE ET APPROCHE ÉCONOMIQUE NE SIGNIFIE PAS QUE LEURS EFFETS SE COMBINENT...
... CAR LES NORMES DU MARCHÉ PEUVENT SUPPLANTER LES NORMES SOCIALES.
VOILÀ!
ELLES NE S'ADDITIONNENT PAS!
1 + 1 = 2
NORMES SOCIALES + NORMES DU MARCHÉ ≠ MEILLEUR RÉSULTAT
!!!

LUNETTES DE PROTECTION, ADAM.
C'EST COMME MÉLANGER DU VINAIGRE ET DU BICARBONATE DE SOUDE.
VINEG
BICAR SOU
SÉPARÉMENT, CHAQUE PRODUIT PEUT ÊTRE UTILISÉ POUR DE NOMBREUX USAGES.
MAIS SI TU VERSES DU VINAIGRE SUR UN TAS DE BICARBONATE…
GLOU GLOU
AAGH!
TU VOIS CE QUE JE VEUX DIRE!
FFLPPT
SSSPLORT

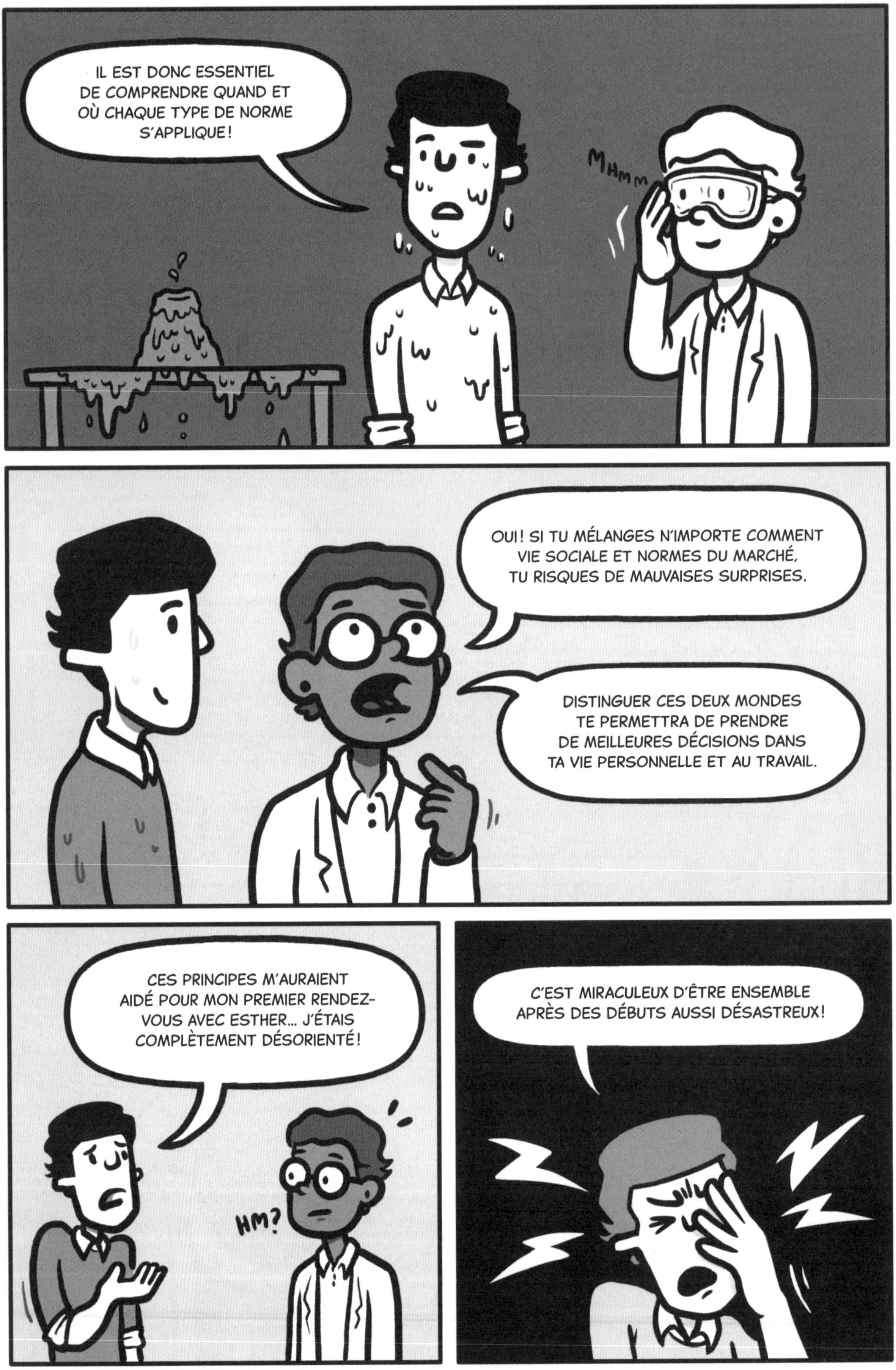
IL EST DONC ESSENTIEL DE COMPRENDRE QUAND ET OÙ CHAQUE TYPE DE NORME S'APPLIQUE!
MHMM
OUI! SI TU MÉLANGES N'IMPORTE COMMENT VIE SOCIALE ET NORMES DU MARCHÉ, TU RISQUES DE MAUVAISES SURPRISES.
DISTINGUER CES DEUX MONDES TE PERMETTRA DE PRENDRE DE MEILLEURES DÉCISIONS DANS TA VIE PERSONNELLE ET AU TRAVAIL.
CES PRINCIPES M'AURAIENT AIDÉ POUR MON PREMIER RENDEZ-VOUS AVEC ESTHER... J'ÉTAIS COMPLÈTEMENT DÉSORIENTÉ!
HM?
C'EST MIRACULEUX D'ÊTRE ENSEMBLE APRÈS DES DÉBUTS AUSSI DÉSASTREUX!

TOUT AVAIT POURTANT BIEN COMMENCÉ...
HÉ, SUPER LE TEE-SHIRT ROCKET SQUIRREL !
MERCI ! C'EST MON GROUPE PRÉFÉRÉ EN CE MOMENT.
J'AI DEUX PLACES POUR LEUR CONCERT. TU VEUX VENIR ? MON AMIE NE PEUT PAS !
$30
SÉRIEUX ? OH OUI, BIEN SÛR !
C'EST VRAIMENT UNE SUPER COPINE !
TROP CONTENTE D'AVOIR REFILÉ CE BILLET !

SOIR DE CONCERT...
PASTA ROMA
OUAH, CONCERT FANTASTIQUE!
30 €
~ PRIX ~
~ FIXE ~
PLUS TARD...
... ET REPAS FANTASTIQUE!
VOILÀ L'ADDITION. MERCI!
PASTA ROMA
EH BIEN...
TU N'AS PAS L'INTENTION DE PAYER?
OH, HEU...

JE PENSAIS QU'ON PARTAGERAIT LA NOTE…
OUI, MAIS J'AI PAYÉ LES BILLETS ! C'EST LOGIQUE QUE TU PAIES LE DÎNER.
OH. JE CROYAIS QUE C'ÉTAIT UN CADEAU.
30 €
60 €
EN FAIT, EN Y PENSANT BIEN, J'AI RÉALISÉ QUE TU ME DEVAIS 30 EUROS.
C'EST UNE TRANSACTION COMPLÈTEMENT ÉQUITABLE !
OH… OK… HUM… C'EST MOI QUI PAIE ALORS.

AUJOURD'HUI...
AÏE!
SOUPIR
TOUT S'EST ARRANGÉ – ON S'EST DONNÉ DE NOUVEAU RENDEZ-VOUS LA SEMAINE D'APRÈS.
NOUS SOMMES MARIÉS ET TRÈS HEUREUX!
MAIS MOI, JE NE SAIS TOUJOURS PAS QUAND PARLER ARGENT...
... OU QUAND ÉCOUTER MON CŒUR ET PAS MON PORTE-MONNAIE.
C'EST TOUJOURS TRÈS CONFUS POUR MOI!
VOUS AVIEZ TOUS DEUX ENVISAGÉ CETTE SOIRÉE TRÈS DIFFÉREMMENT.
SI CHACUN AVAIT COMPRIS LE POINT DE VUE DE L'AUTRE, TU AURAIS ÉTÉ CAPABLE DE FAIRE DE MEILLEURS CHOIX!

LA FAÇON DONT NOUS ACTIVONS
L'UNE OU L'AUTRE NORME
A DE LOURDES IMPLICATIONS.

GARDE BIEN ÇA À L'ESPRIT, ET
JE TE PROMETS QUE TU PRENDRAS
DE BIEN MEILLEURES DÉCISIONS !
MERCI POUR
CES CONSEILS !

CHAPITRE DEUX
LA SPHÈRE PRIVÉE
J'AI COMPRIS QUE JE DEVAIS ÉQUILIBRER LA SPHÈRE SOCIALE ET LA SPHÈRE DU MARCHÉ DANS MA VIE PERSONNELLE.
MAIS TOUT N'EST PAS ENCORE TRÈS CLAIR, JE CROIS...
OUI, MAIS TU COMMENCES À DISTINGUER CE QUI PEUT INFLUER SUR TES DÉCISIONS, ÇA, C'EST FORMIDABLE !
IDENTIFIER LES FORCES EN PRÉSENCE AIDE À CERNER LES AVANTAGES ET LES INCONVÉNIENTS DES DEUX APPROCHES.
ECONOMICS
THEORY

DANS UNE RELATION COMMERCIALE, LES RÔLES SONT CLAIREMENT DÉFINIS : L'UN ACHÈTE, L'AUTRE VEND, OU LES DEUX COLLABORENT POUR ATTEINDRE UN OBJECTIF COMMUN.

EN REVANCHE, LA SPHÈRE SOCIALE EST UN RÉSEAU COMPLEXE : AMIS, FAMILLE, AMOUREUX, COLLÈGUES...
ICI, NOS LIENS SONT CENTRÉS SUR L'AMOUR, LE BESOIN DE S'INTÉGRER OU LA RECHERCHE D'UNE RECONNAISSANCE SOCIALE, ET NON PAS SUR L'ARGENT.
COMMENT CONCILIER LES DEUX MONDES? PEUVENT-ILS SEULEMENT COEXISTER?

IL N'Y A PAS VRAIMENT DE RÉPONSE À CELA. TOUTEFOIS, SI TU SAIS IDENTIFIER LA NORME EN AMONT D'UNE SITUATION DONNÉE, TU ES SUR LA BONNE VOIE.
PAR EXEMPLE, TU RISQUES GROS EN FAISANT DES AFFAIRES AVEC UN AMI.
DRING
DRING
DRING
HÉ, ADAM ! J'AI UNE SUPER IDÉE POUR LA START-UP DONT JE T'AI PARLÉ. TU VEUX INVESTIR?
STEPH ET MOI POUVONS-NOUS VRAIMENT ÊTRE À LA FOIS AMIS ET ASSOCIÉS?
JE VAIS RÉFLÉCHIR. TU DOIS ENCORE ME REMBOURSER LA SOMME INVESTIE DANS TA DERNIÈRE SUPER IDÉE, NON?
BIIIP
BOOP!
J'AI LAISSÉ DES PLUMES DANS SON DERNIER PROJET. JE CROIS QU'IL PROFITE DE MOI.

L'ARGENT ET LES AMIS FONT RAREMENT BON MÉNAGE, TU SAIS...
HM.
PLUTÔT QUE DE L'ARGENT, IL VAUT PARFOIS MIEUX DONNER DE SON TEMPS À UN AMI, EN L'INVITANT À DÎNER PAR EXEMPLE.
J'AURAIS AIMÉ SAVOIR ÇA AVANT LA DÉBÂCLE DE MON DÎNER DE FAMILLE.
HÉ! JE N'Y SUIS POUR RIEN SI LES ÊTRES HUMAINS SONT À CE POINT IRRATIONNELS.
ON NE PEUT PAS TOUJOURS ÉVITER L'IRRUPTION DE L'ARGENT DANS LE LIEN SOCIAL, PAS VRAI?

TOUS LES VENDREDIS, JE DÉJEUNE AVEC MON COLLÈGUE.
IL FAUT BIEN PAYER L'ADDITION! COMMENT LE FAIRE SANS RUINER LE LIEN SOCIAL?
HOP!!
TU NE CROIS PAS QUE LA SOLUTION SERAIT DE PAYER CHACUN À VOTRE TOUR?
HM
COMME ÇA!
C'EST POUR MOI!
SYMPA! À CHARGE DE REVANCHE.

VOILÀ POURQUOI ÇA FONCTIONNE : LES PSYCHOLOGUES NOMMENT « DOULEUR DE PAYER » CETTE DÉTRESSE ÉMOTIONNELLE LIÉE À LA DÉPENSE.
AS-TU UN PINCEMENT AU CŒUR QUAND TU SIGNES UN CHÈQUE OU QUE TU GLISSES DES PIÈCES DANS LE PARCMÈTRE?
OH OUI, ABSOLUMENT.
CETTE DOULEUR N'EST PAS PROPORTIONNELLE AU MONTANT DE LA FACTURE, ET SI NOUS NOUS SENTONS PLUS MAL À MESURE QUE CE MONTANT AUGMENTE, CHAQUE EURO SUPPLÉMENTAIRE BLESSE MOINS QUE LE PREMIER.
PAYER POUR UN REPAS FAIT MAL, MAIS PAYER POUR DEUX REPAS NE BLESSE PAS DEUX FOIS PLUS. ON PARLE ALORS DE « SENSIBILITÉ ATTÉNUÉE ».
0
1
2
3
4
REPAS PAYÉS

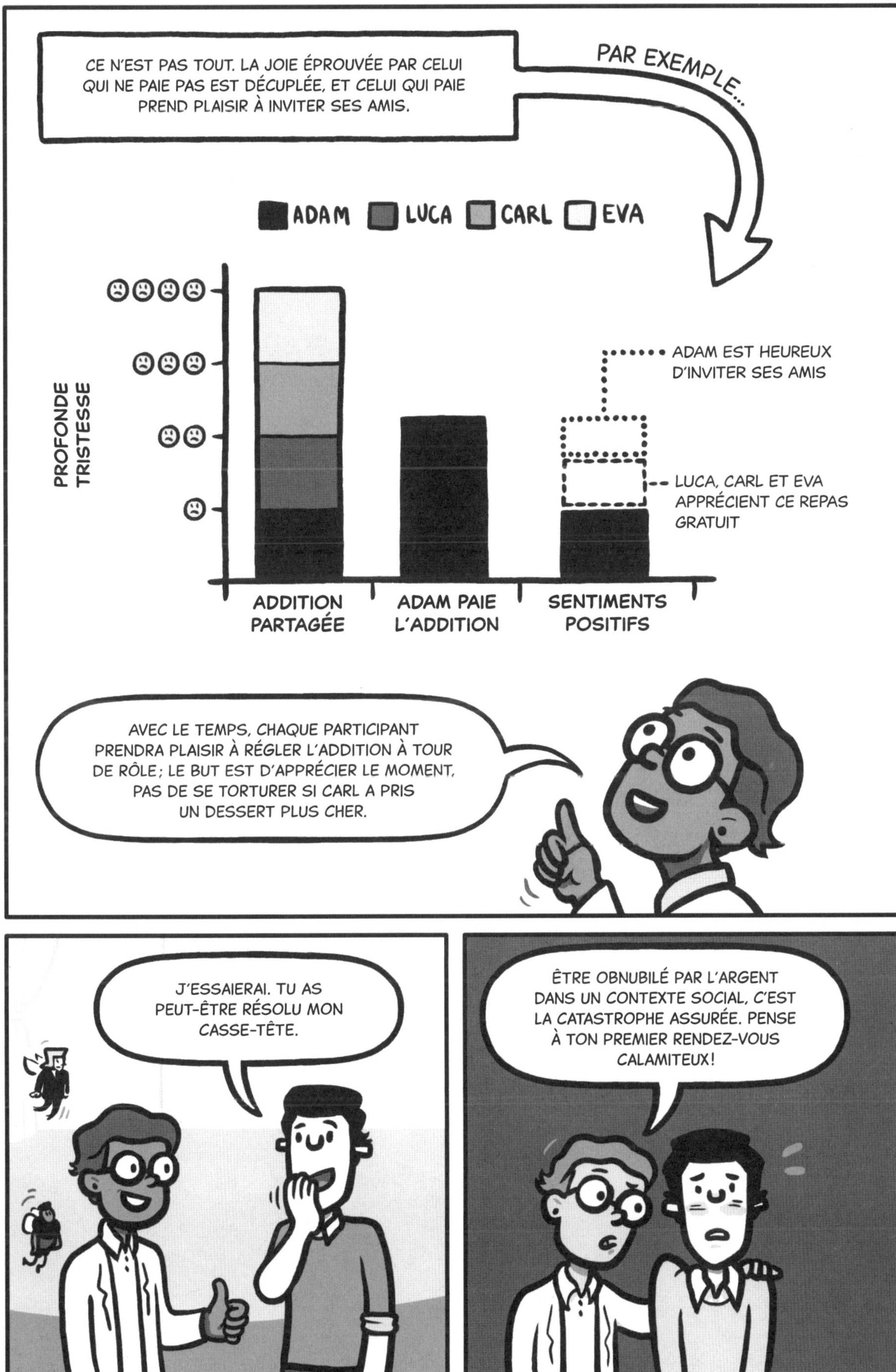
CE N'EST PAS TOUT. LA JOIE ÉPROUVÉE PAR CELUI QUI NE PAIE PAS EST DÉCUPLÉE, ET CELUI QUI PAIE PREND PLAISIR À INVITER SES AMIS.
PAR EXEMPLE...
ADAM
LUCA
CARL
EVA
PROFONDE TRISTESSE
ADAM EST HEUREUX D'INVITER SES AMIS
LUCA, CARL ET EVA APPRÉCIENT CE REPAS GRATUIT
ADDITION PARTAGÉE
ADAM PAIE L'ADDITION
SENTIMENTS POSITIFS
AVEC LE TEMPS, CHAQUE PARTICIPANT PRENDRA PLAISIR À RÉGLER L'ADDITION À TOUR DE RÔLE ; LE BUT EST D'APPRÉCIER LE MOMENT, PAS DE SE TORTURER SI CARL A PRIS UN DESSERT PLUS CHER.
J'ESSAIERAI. TU AS PEUT-ÊTRE RÉSOLU MON CASSE-TÊTE.
ÊTRE OBNUBILÉ PAR L'ARGENT DANS UN CONTEXTE SOCIAL, C'EST LA CATASTROPHE ASSURÉE. PENSE À TON PREMIER RENDEZ-VOUS CALAMITEUX !

À LA MAISON...
LE SECRET? MOINS D'ÉCHANGES ÉCONOMIQUES, PLUS D'ÉPANOUISSEMENT AFFECTIF!
L'AMOUR N'EST PAS UN LIEN COMMERCIAL.
MAIS... LE MARIAGE EST UN PEU UN CONTRAT, NON?
OUI, LES PARTENAIRES ACCEPTENT NON SEULEMENT DE S'AIMER, MAIS AUSSI DE GÉRER LEURS FINANCES CONJOINTEMENT – TOUT EN MÊME TEMPS!
JE CROYAIS QU'IL FALLAIT ÉVITER DE MÉLANGER ARGENT ET SENTIMENTS?
SURPRISE!
C'EST PARFOIS INÉVITABLE, MAIS ON PEUT CONCLURE DES « CONTRATS » QUI RENDENT TOUT LE MONDE HEUREUX.

PETIT INDICE : IL EST BON D'ENVISAGER LE MARIAGE EN SACHANT QU'IL EST IMPOSSIBLE D'ANTICIPER TOUS LES OBSTACLES...
... OU AVANTAGES !
NOUVEAU JOB
DÉCÈS D'UN PARENT
ACCIDENT DE VOITURE
AUGMENTATION
CHIOT
NOUVELLE VOITURE
MAUVAISE NUIT
BONNE NUIT
BAISSE DE SALAIRE
CRISE DE LA QUARANTAINE
JUMEAUX !
LICENCIEMENT
RÉORIENTATION PRO
GROSSE DISPUTE
NOUVELLE ACTIVITÉ
DÉMÉNAGEMENT
OURAGAN

IL FAUDRAIT DONC FAIRE DES CONCESSIONS SANS ATTENDRE UN RETOUR ÉQUIVALENT ?
EN PARLANT DE ÇA...
HÉ, C'EST À MOI ! RENDS-LE-MOI !
JAMAIS !

NETA! AMIT! ALLEZ FAIRE VOS DEVOIRS!
ET POURQUOI?
PARCE QUE JE...
HUM. BIEN VU. QU'EST-CE QUI VOUS MOTIVE TOUS LES DEUX?
LA PROF DE FOOT EST PAYÉE À CHAQUE COURS! NOUS, L'ARGENT DE POCHE, CE N'EST QUE CHAQUE SEMAINE!
LES NORMES SOCIALES ET LES NORMES DU MARCHÉ PÈSENT AUSSI SUR LES ENFANTS?
ABSOLUMENT!
JE N'ARRIVE PAS À LES MOTIVER POUR TRAVAILLER À L'ÉCOLE OU AIDER À LA MAISON.
J'AI ÉCHOUÉ À LEUR INCULQUER LA VALEUR DE L'ARGENT.

LA MOTIVATION VARIE SELON QU'ELLE EST GUIDÉE PAR DES NORMES SOCIALES OU PAR CELLES DU MARCHÉ. POUR LA RECHERCHE, LES UNES PRODUISENT DE MEILLEURS RÉSULTATS QUE LES AUTRES, SUR LE LONG TERME !
JEUNE OU VIEUX, LA FAÇON DONT NOUS SOMMES RÉCOMPENSÉS POUR UNE BONNE ACTION INFLUE SUR NOTRE MOTIVATION À RÉITÉRER CETTE ACTION DANS LE FUTUR.
LA MOTIVATION INTRINSÈQUE, C'EST VOULOIR FAIRE QUELQUE CHOSE AVEC LE CŒUR – SES DEVOIRS, LA VAISSELLE… ELLE SE DÉVELOPPE PLUS FACILEMENT DANS LA SPHÈRE DES NORMES SOCIALES.
JE VEUX BIEN FAIRE !
JE SUIS CONTENT D'AIDER.
LA MOTIVATION EXTRINSÈQUE – DE L'ARGENT POUR UNE BONNE NOTE – A UN EFFET LIMITÉ QUI NE FONCTIONNE QUE LE TEMPS DE LA RÉCOMPENSE.
J'M'EN FICHE DE LIRE.
QUELQU'UN D'AUTRE LE FERA.

EN FAIT, AVOIR CONSCIENCE DE LA SPHÈRE SOCIALE ET DE CELLE DU MARCHÉ PEUT NOUS AIDER À PRENDRE DE MEILLEURES DÉCISIONS.
SI L'OBJECTIF EST UN ÉCHANGE FINANCIER, LES NORMES DU MARCHÉ S'APPLIQUENT. POUR LA VIE PRIVÉE ET LES RELATIONS AMICALES, LA MOTIVATION SOCIALE FONCTIONNE MIEUX.
C'EST POUR ÇA QUE L'AN DERNIER, AU NOËL DU BUREAU, J'AI FAIT UN FLOP AVEC MES ROULEAUX DE PIÈCES...
SUIS LES CONSEILS DE DANA, MON CHÉRI.
HÉ HÉ

CHAPITRE TROIS

DONNER POUR RECEVOIR

UN CADEAU EST UN ÉCHANGE, MAIS CELUI-CI OCCULTE LA TRANSACTION...
... POUR METTRE EN LUMIÈRE SA VALEUR SOCIALE.
TE SOUVIENS-TU DE L'EXPÉRIENCE DES CERCLES DE JAMES HEYMAN ET DAN ARIELY?
LES SUJETS PAYÉS ONT FAIT DES EFFORTS – PLUS POUR 4 € QUE POUR 10 CENTIMES –, MAIS, GRÂCE AUX NORMES SOCIALES*, D'AUTRES SUJETS ONT TRAVAILLÉ ENCORE PLUS... POUR RIEN.
* 10 C : 101 CERCLES ; 4 € : 159 CERCLES ; RIEN : 168 CERCLES.
LES CHERCHEURS ONT RÉITÉRÉ CETTE EXPÉRIENCE DE CERCLES ET DE CARRÉS, CETTE FOIS EN RÉTRIBUANT LES SUJETS AVEC PLUS OU MOINS DE BONBONS.
CINQ BONBONS
500 G DE BONBONS

LE CADEAU ÉTANT UN RESSORT SOCIAL, LE NOMBRE DE BONBONS N'A PAS EU D'INCIDENCE SUR L'EFFORT.
159 CERCLES
162 CERCLES
LÀ ENCORE, POUR UNE MOTIVATION MAXIMALE, L'ARGENT A ÉTÉ LAISSÉ EN DEHORS DE L'ÉQUATION, LE SUJET RECEVANT UN CADEAU... OU RIEN DU TOUT.
ET SI LES SUJETS AVAIENT SU LE PRIX DES BONBONS? UN PEU COMME QUAND TU REÇOIS UN CADEAU AVEC L'ÉTIQUETTE DESSUS?
$$$
AURAIENT-ILS FAIT PLUS D'EFFORTS SI UNE VALEUR FINANCIÈRE S'AJOUTAIT À LA VALEUR SOCIALE DU CADEAU?
LES CHERCHEURS ONT AUSSI ESSAYÉ ÇA!

AU COURS D'UNE AUTRE EXPÉRIENCE, HEYMAN ET ARIELY ONT RÉCOMPENSÉ LES EFFORTS DE LEURS SUJETS AVEC SOIT...
CHOCO
50¢
TRUFFLES!
5 €
50 C
5 €
... UNE BARRE CHOCOLATÉE D'UNE VALEUR DE 50 C...
... OU UNE BELLE BOÎTE DE CHOCOLATS ÉTIQUETÉE 5 €...
DONC...
VOILÀ TA BARRE CHOCOLATÉE À 50 C.
HM.
CHOCO
VOILÀ TA BOÎTE DE CHOCOLATS À 5 €.
OH!
TRUFFLES
À TON AVIS, COMMENT LA BOÎTE A-T-ELLE ÉTÉ PERÇUE? COMME DE L'ARGENT? COMME UN CADEAU? UN PEU DES DEUX?
HMMMMM

SI JE ME SOUVIENS BIEN, LES RÉSULTATS ONT MONTRÉ QUE LES SUJETS RÉAGISSAIENT À LA BOÎTE ÉTIQUETÉE DE LA MÊME FAÇON QU'À DE L'ARGENT LIQUIDE...
... DONC, LA PLUS PETITE RÉCOMPENSE DÉMOTIVE LES PARTICIPANTS, LES INCITANT À MOINS D'EFFORTS.
CHOCO
50 C
C'EST EXACT !
LA VALEUR FINANCIÈRE INCITE À PENSER EN TERMES DU MARCHÉ.
SALAIRE
EFFORT
€€€
COÛT D'OPPORTUNITÉ
BÉNÉFICE
50¢
SI NOUS PENSONS TRAVAILLER POUR DE L'ARGENT, NOUS ADAPTONS NOS EFFORTS EN FONCTION DU SALAIRE !
50 C
5 €
CHOCO
RIEN
ARGENT
DIFFÉRENCE D'EFFORT DANS UN CONTEXTE SOCIAL
50 C
5 €
DIFFÉRENCE D'EFFORT DANS UN CONTEXTE COMMERCIAL

TOUTE LA BONNE VOLONTÉ SUSCITÉE PAR LES BONBONS S'EST ÉVAPORÉE DÈS QUE L'ARGENT S'EST INVITÉ... ACTIVANT LES NORMES DU MARCHÉ.
CETTE ÉTUDE MONTRE EXACTEMENT CE QUE L'ON REDOUTE LORSQUE L'ON OFFRE UN CADEAU.
OUI. LE CADEAU IDÉAL EST UN PUR PRODUIT DU MONDE DES NORMES SOCIALES.
JE M'ACCROCHE, MAIS J'AI QUAND MÊME L'IMPRESSION QUE FAIRE UN CADEAU EST EXTRÊMEMENT COMPLIQUÉ !
ET QU'EST-CE QUE J'Y GAGNE?

À L'INVERSE D'UN ÉCHANGE COMMERCIAL, LE CADEAU GÉNÈRE DES BÉNÉFICES SOCIAUX MUTUELS.
BIEN SÛR, TOUT LE MONDE AIME RECEVOIR UN CADEAU CHOISI AVEC ATTENTION ; MAIS OFFRIR NOUS PROCURE AUSSI PLUS DE JOIE QUE DE DÉPENSER DE L'ARGENT POUR NOUS-MÊME.
EN 2009, UNE ÉTUDE A MONTRÉ QUE LES SUJETS SE SENTAIENT PLUS HEUREUX EN OFFRANT QUE S'ILS AVAIENT DÉPENSÉ LA MÊME SOMME POUR EUX-MÊMES.
EN OUTRE, UNE PERSONNE HEUREUSE EST PLUS SUSCEPTIBLE DE DONNER AUX AUTRES. C'EST UN CYCLE VERTUEUX !
SE SENTIR GÉNÉREUX
CYCLE DU DON
ÊTRE PLUS HEUREUX
OFFRIR UN CADEAU

QUE PUIS-JE OFFRIR À UNE PERSONNE À LAQUELLE JE SOUHAITE VRAIMENT EXPRIMER MA GRATITUDE?
LES OPTIONS SONT NOMBREUSES ET VARIÉES, MÊME SANS CONSIDÉRER LEUR VALEUR MONÉTAIRE!
BOX SET!
Cher ami
Bise, ANA
BLU-RAY
SEUL AU MONDE
SAUCE BBQ
CADEAUX NON MONÉTAIRES
L'ÉVENTAIL DES CHOIX EST DÉROUTANT ET DÉCUPLE LE RISQUE – RÉEL OU IMAGINAIRE – D'OFFRIR UN CADEAU QUE LE BÉNÉFICIAIRE DÉTESTERA.
CERTAINES OPTIONS SONT PLUS FACILES, COMME LA CARTE-CADEAU, MAIS SE CREUSER UN PEU LA TÊTE EN VAUT LA PEINE!

AVEC CE TYPE DE CADEAUX, TU LIMITES LE RISQUE DE TE TROMPER.
ACTIONS
CENT EUROS
CARTE CASH 40€
CADEAUX MONÉTAIRES
CARTE-CADEAU
EN EFFET, L'ARGENT PEUT ÊTRE ÉCHANGÉ CONTRE TOUT CE QUE LE BÉNÉFICIAIRE DÉSIRE. IL PEUT ÊTRE DÉPENSÉ D'UN SEUL COUP ; SERVIR À ACHETER PLUSIEURS CHOSES ; ÊTRE ÉCHANGÉ CONTRE UN OBJET PRATIQUE OU UN GADGET – MAIS IL SERA TOUJOURS UTILISÉ.
DONNER AUTRE CHOSE QUE DE L'ARGENT, C'EST PRENDRE LE RISQUE QUE LE BÉNÉFICIAIRE DÉTESTE SON CADEAU.

OUI, J'AI BIEN COMPRIS QUE MA NIÈCE POURRA DÉPENSER UN CHÈQUE OU DU CASH À SA GUISE...
PIZZA
FACTURES
FÊTE
BANDES DESSINÉES
... MAIS L'ARGENT NE TRADUIT NI EFFORT NI ATTENTION DE MA PART !
TOUT À FAIT ! IL N'ENTRETIENDRA PAS LE LIEN SOCIAL QUI VOUS UNIT.
LIEN SOCIAL
DÉNUÉ DE TOUTE VALEUR ÉMOTIONNELLE, L'ARGENT, DE PLUS, ENCLENCHE LES NORMES DU MARCHÉ : IL PEUT DONC T'ATTIRER DES ENNUIS SI TU OFFRES TROP... OU TROP PEU.
LIEN SOCIAL

LA CARTE-CADEAU EST UN PEU MOINS EFFICACE QUE LE CASH, CAR ELLE EST LIMITÉE À CERTAINES MARQUES.
CAFÉ
CAFÉ
NON MONÉTAIRE
CARTE-CADEAU
CASH
MAIS DE CE FAIT, ELLE RESSEMBLE DAVANTAGE À UN « VRAI » CADEAU QUE DU CASH.
ELLE MONTRE QUE TU CONNAIS LE BÉNÉFICIAIRE, QUE TU TE SOUCIES DE LUI.
AVEC LA CARTE-CADEAU, TU SERAS ASSOCIÉ, DANS L'ESPRIT DU BÉNÉFICIAIRE, AUX OBJETS ACHETÉS GRÂCE À ELLE.
POUR RENFORCER LE LIEN ÉMOTIONNEL, TU PEUX PAR EXEMPLE CHOISIR LA CARTE D'UN MAGASIN QUE LE BÉNÉFICIAIRE AIME PARTICULIÈREMENT.
DONC, PLUTÔT QUE LA CARTE STARBUCKS, J'AURAIS DÛ OFFRIR À MA MÈRE UNE CARTE DE SA BOUTIQUE D'ACCESSOIRES POUR CHIENS !

LIEN SOCIAL
PRENDRE UNE PETITE DISTANCE PAR RAPPORT À L'ARGENT TE RAPPROCHERA TOUJOURS D'UNE VALEUR SOCIALE.
MAIS LA MEILLEURE DES CARTES-CADEAUX N'AURA JAMAIS LA MÊME PORTÉE QU'UN « VRAI » CADEAU.
POUR TOI
SI L'ARGENT N'EST PAS TERRIBLE ET LA CARTE-CADEAU PAS TELLEMENT MIEUX, J'OFFRE QUOI À MA NIÈCE JUSTINE ?
IL Y A PLEIN DE CADEAUX NON MONÉTAIRES !
1 PLACE
A COOL BOOK

CERTES, ILS SONT PLUS DIFFICILES À CHOISIR, ET IL SE PEUT EN EFFET QUE LE BÉNÉFICIAIRE N'AIME PAS SON CADEAU...
SUPER NOIX
MERCI, MAIS JE PORTE DES SLIPS !
MERCI, MAIS JE SUIS ALLERGIQUE.
AQUA FUN
MERCI, MAIS JE NE SAIS PAS NAGER.
J'AI TROP PEUR DE MAL CHOISIR POUR JUSTINE.
SI MON CADEAU NE LUI PLAÎT PAS ?
C'EST UN RISQUE À PRENDRE, MAIS TU PEUX METTRE TOUTES LES CHANCES DE TON CÔTÉ.
TOUT CELA EST TRÈS SUBJECTIF.

MÊME AVEC LES MEILLEURES INTENTIONS DU MONDE, NOUS NE SOMMES PAS TRÈS DOUÉS POUR OFFRIR DES CADEAUX.
GUY HOCHMAN A RÉALISÉ UN SONDAGE SUR LES PRATIQUES ET PRÉFÉRENCES EN MATIÈRE DE CADEAUX.
ON A DEMANDÉ AUX SONDÉS À QUELLE FRÉQUENCE ILS OFFRAIENT CERTAINS TYPES DE CADEAUX.

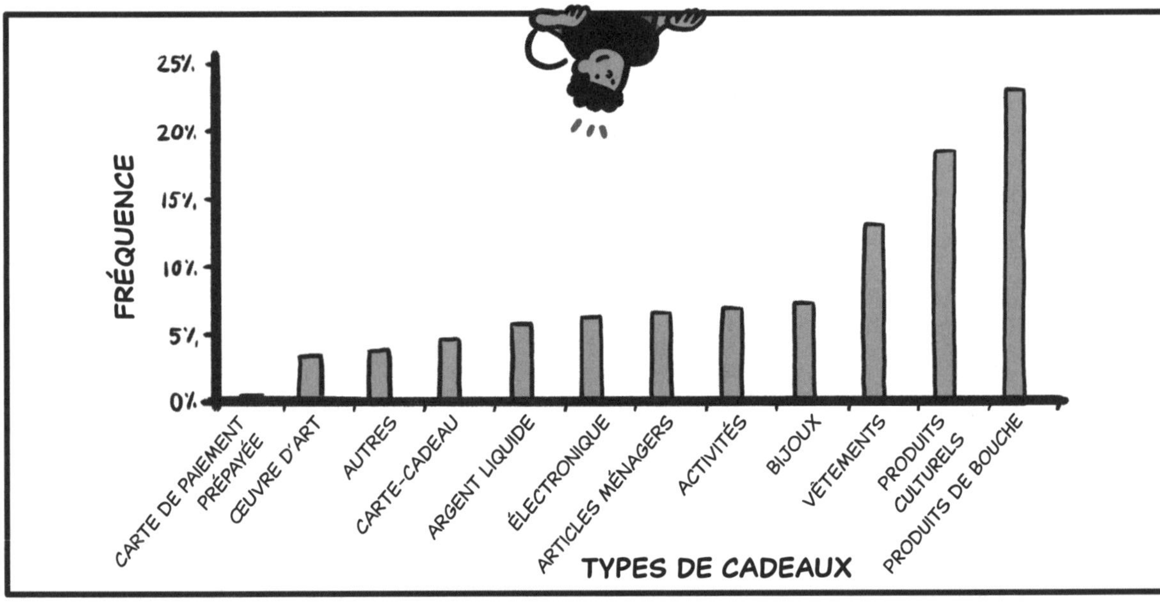
FRÉQUENCE
25%
20%
15%
10%
5%
0%
CARTE DE PAIEMENT PRÉPAYÉE
ŒUVRE D'ART
AUTRES
CARTE-CADEAU
ARGENT LIQUIDE
ÉLECTRONIQUE
ARTICLES MÉNAGERS
ACTIVITÉS
BIJOUX
VÊTEMENTS
PRODUITS CULTURELS
PRODUITS DE BOUCHE
TYPES DE CADEAUX

PRODUITS DE BOUCHE, VÊTEMENTS ET PRODUITS CULTURELS SONT DONC LES CADEAUX LES PLUS COURANTS.
MAIS CE NE SONT PAS NÉCESSAIREMENT LES MEILLEURS !
SUPER FILM

LES CHERCHEURS ONT ÉGALEMENT DEMANDÉ AUX SONDÉS QUELS TYPES DE CADEAUX ILS AIMAIENT RECEVOIR.
CARTES DE PAIEMENT, CARTES-CADEAUX ET ARGENT LIQUIDE FIGURENT EN BAS DE LA LISTE, ET LES PRODUITS DE BOUCHE NE FONT MÊME PAS PARTIE DU TOP 5.
CADEAUX LES PLUS APPRÉCIÉS
1
ŒUVRES D'ART
ÉLECTRONIQUE
ACTIVITÉS
2
PRODUITS CULTURELS
BIJOUX
AUTRES
3
VÊTEMENTS
CARTE DE PAIEMENT PRÉPAYÉE
CARTE-CADEAU
PRODUITS DE BOUCHE
ARGENT LIQUIDE
ARTICLES MÉNAGERS
POURTANT, LES SONDÉS ONT INDIQUÉ OFFRIR LE PLUS SOUVENT DES PRODUITS DE BOUCHE ! NOUS OFFRONS DONC CE QUE NOUS NE VOUDRIONS PAS NOUS-MÊMES !
ILS ONT ÉGALEMENT PRÉCISÉ APPRÉCIER LE PLUS LES ŒUVRES D'ART, L'ÉLECTRONIQUE ET LES ACTIVITÉS... CE QU'ILS OFFRENT LE MOINS !
JE VOIS ! MÊME POUR UN CADEAU « NON MONÉTAIRE », LES OPTIONS VONT DU MEILLEUR AU PIRE...

LES « BON POUR », LES CHOCOLATS, LE VIN SONT DES CADEAUX FACILES – CELUI QUI LES REÇOIT PEUT LES GARDER, LES JETER, LES OFFRIR À QUELQU'UN D'AUTRE.
POUBELLE
LIQUEUR
FROMAGE
CHOCO
LES CADEAUX NON CONSOMMABLES SONT PLUS SYMPAS, MÊME SI TU COURS LE RISQUE QUE LE BÉNÉFICIAIRE NE S'EN SERVE JAMAIS.
HMMM… COMME CE TABLEAU OFFERT PAR UN AMI?
KITSCHISSIME, MAIS JE PENSE À LUI DÈS QUE JE LE REGARDE!
ET LE SOUVENIR D'UNE ACTIVITÉ DURERA PLUS LONGTEMPS QUE CELUI D'UN PLATEAU DE FROMAGES!

ET MÊME SI LE BÉNÉFICIAIRE NE L'ADORE PAS, CE CADEAU NE POURRA QUE RENFORCER VOTRE RELATION SOCIALE.
JE COMPRENDS... JE PASSERAIS COMPLÈTEMENT À CÔTÉ DE CE « PLUS » SOCIAL EN NE PRENANT AUCUN RISQUE AVEC DE L'ARGENT OU DES PRODUITS DE BOUCHE...
COUIIC
LES CADEAUX « MONÉTAIRES » CAUSENT MÊME DES DÉGÂTS !
IIIIIIIRC
COMMENT ÇA ?
L'ARGENT DÉVIE L'ATTENTION VERS LES NORMES DU MARCHÉ ET AFFAIBLIT LES FONDATIONS DU « DONNANT-DONNANT » SUR LESQUELLES REPOSENT LES BONNES RELATIONS SOCIALES.
NE L'ÉCOUTE PAS...
100
100
100
100

MAIS SI J'OFFRE À UN AMI UNE SUPERBE SCULPTURE À 600 € ET QUE JE VEUX VRAIMENT QU'IL EN CONNAISSE LA VALEUR ?
J'AIMERAIS QU'IL APPRÉCIE AUTANT QUE MOI LE TRAVAIL DE L'ARTISTE...
TU PEUX ÉVOQUER UNE FOURCHETTE DE PRIX...
¢
$$
... OU « OUBLIER » D'ENLEVER L'ÉTIQUETTE...
€
... OU ENCORE DONNER LE TICKET DE CAISSE !
BiZ ART
€€ !!

NON ! LES CADEAUX NE SONT PAS UNE QUESTION DE TRANSFERT DE RICHESSE, MAIS DE LIENS SOCIAUX.
RAPPELLE-TOI LA BOÎTE DE CHOCOLATS ! TU NE PEUX PAS TOUT AVOIR !
MENTIONNER L'ARGENT ÉCLIPSE LA NORME SOCIALE ET AFFAIBLIT LE LIEN SOCIAL. EN EFFET, CONTRAIREMENT À CELLE DU MARCHÉ, LA NORME SOCIALE INCITE À NOUS SOUCIER DES AUTRES.
LIEN SOCIAL
PENDANT QUE TU TE DEMANDES SI TON CADEAU EST UNE BONNE AFFAIRE, SAIS-TU À QUOI TU NE PENSES PAS ?
... À LA JOIE DE CELUI QUI LE REÇOIT, ET À NOTRE LIEN D'AMITIÉ.
OK, J'AI COMPRIS...

DONC, QUAND JE CHOISIS UN CADEAU, JE DOIS PRENDRE EN COMPTE L'OBJECTIF QUE JE CHERCHE À ATTEINDRE.
NON MONÉTAIRE
CASH, ETC.

OUI! S'AGIT-IL D'UN SIMPLE TRANSFERT DE RICHESSE?

OU SOUHAITES-TU RENFORCER UN LIEN SOCIAL ET T'INVESTIR DANS UNE RELATION SOCIALE DURABLE AVEC LE BÉNÉFICIAIRE?

SELON CE QUE TU CHERCHES À ACCOMPLIR...
... UN DES CADEAUX SITUÉS SUR LE SPECTRE – ARGENT LIQUIDE, CARTE PRÉPAYÉE, CARTE-CADEAU, PRODUIT DE BOUCHE, BIJOU OU ŒUVRE D'ART – POURRA CONVENIR.
ENTRÉE 1 PERS.
20 € CARTE CASH
EURO 20
SI TU TE FICHES DE TE RAPPROCHER DU BÉNÉFICIAIRE, VISE L'EFFICACITÉ ET VA PLUTÔT VERS UN CADEAU MONÉTAIRE.
TRUFFES
MAIS SI TU PRIVILÉGIES LA RELATION SOCIALE, UN CADEAU NON MONÉTAIRE AURA BIEN PLUS DE VALEUR QUE TU N'IMAGINES !
PROBLÈME RÉGLÉ ! JE VAIS NOUS INSCRIRE MA NIÈCE ET MOI À UN COURS DE POTERIE ! JE SAIS QU'ELLE EN RÊVE !

ET…
OUVRE LES YEUX!
GÉNIAL! J'AI TOUJOURS VOULU ESSAYER LA POTERIE!
WHOOOOAH
HA HA HA HA HA HA
POTERIE
ON S'EST BIEN AMUSÉS!
OUAIS! ET MAINTENANT J'AI DE QUOI POSER TOUTES LES BOUGIES PARFUMÉES REÇUES POUR MON DIPLÔME!
GAGNÉ!

CHAPITRE QUATRE

AU TRAVAIL !

COMMENT LEUR FAIRE VENDRE PLUS?
REMETTRE EN QUESTION LES PRATIQUES DES LOIS DU MARCHÉ PEUT SEMBLER CONTRE-PRODUCTIF.
"LES AFFAIRES SONT LES AFFAIRES" APRÈS TOUT.
POURTANT, PROPOSER DES AVANTAGES SOCIAUX EST PLUS LUCRATIF QU'UNE PRIME FINANCIÈRE.
POURQUOI PAYER LA CRÈCHE DU BUREAU OU LA MUTUELLE? NE VAUDRAIT-IL PAS MIEUX RÉMUNÉRER DAVANTAGE SES EMPLOYÉS?
500 €
BONUS
= 500 €
CRÈCHE
= ???
LES ÉTUDES SUR LA MOTIVATION MONTRENT QUE LA RÉCOMPENSE SOCIALE ET CELLE DU MARCHÉ FONCTIONNENT DIFFÉREMMENT.
SOUPIR...

LA DISTINCTION EST IMPORTANTE, POUR LES PATRONS QUI TENTENT DE MOTIVER LEURS EMPLOYÉS, MAIS AUSSI POUR LES SALARIÉS.
HUH
NOUS VOULONS UN JOB ÉPANOUISSANT, PAS UNE PUNITION À ENDURER UNIQUEMENT POUR RÉGLER NOS FACTURES EN FIN DE MOIS !
CE QUI EST COMPLIQUÉ POUR CERTAINS JOBS DIFFICILES.
ÉGOUTIER
PROF
FACTEUR
LE SALAIRE EST OK, MAIS POUR FAIRE DU BON BOULOT, J'AI BESOIN QUE MES RESPONSABILITÉS ME TIENNENT À CŒUR.
HM
POUR FONCTIONNER, NOTRE SOCIÉTÉ DÉPEND DE CERTAINS EMPLOIS – ENSEIGNANTS, FONCTIONNAIRES...
SI NOUS TROUVIONS LE MOYEN DE RÉCOMPENSER ENSEIGNANTS ET FONCTIONNAIRES POUR QU'ILS S'ÉPANOUISSENT ET SE DONNENT À FOND DANS LEUR TRAVAIL ?
YEAH !
HM

AU BUREAU, IL EST TENTANT DE RÉSOUDRE LES PROBLÈMES PAR DES PRIMES OU DES SANCTIONS FINANCIÈRES.
POURTANT, MÊME AU TRAVAIL, L'ARGENT EST RAREMENT LA BONNE SOLUTION.
IL Y A BIEN D'AUTRES OPTIONS !
AFTERWORKS...
CLING
... CADEAUX NON MONÉTAIRES...
ENTRÉE 1 PERS.
... RÉCOMPENSE SOCIALE (ÉLOGE PUBLIC)...
EMPLOYÉE DU MOIS
... ET, BIEN SÛR, DE BONS AVANTAGES.
ASSURANCE RETRAITE
ASSURANCE SANTÉ

LES NORMES SOCIALES NE SERVENT PAS UNIQUEMENT À ACCROÎTRE LA MOTIVATION AU TRAVAIL. ELLES ENCOURAGENT LES BONS COMPORTEMENTS, DISSUADENT LES RESQUILLEURS. LE CODE DE CONDUITE EST UN BON EXEMPLE.
LE CODE DE CONDUITE SERT À DISSUADER D'ENFREINDRE LES RÈGLES OU DE FAIRE PREUVE DE MALHONNÊTETÉ.
CODE DE CONDUITE
EN 2009, LES CHERCHEURS NINA MAZAR, ON AMIR ET DAN ARIELY ONT TESTÉ L'EFFICACITÉ DU CODE DE CONDUITE.
LEURS SUJETS DISPOSAIENT DE QUATRE MINUTES POUR RÉSOUDRE DES PROBLÈMES DE MATHS SIMPLES. ILS GAGNAIENT DE L'ARGENT À CHAQUE BONNE RÉPONSE.
ADDITIONNEZ TROIS NOMBRES POUR OBTENIR 10
1.69 4.67 5.82 6.36
1.82 4.81 5.06 5.19
2.91 3.05 4.28 4.57
LE GROUPE TÉMOIN ÉTAIT CORRIGÉ PAR LES CHERCHEURS : IMPOSSIBLE DE TRICHER.
FINI !
MHM
LES SUJETS DES AUTRES GROUPES S'AUTOCORRIGEAIENT – ILS POUVAIENT DONC TRICHER POUR GAGNER PLUS D'ARGENT EN FALSIFIANT LEURS RÉSULTATS.

SANS SURPRISE, LES SUJETS QUI EN ONT EU L'OCCASION ONT TRICHÉ.
J'AI... HUM... QUASIMENT TOUT BON.
HM
CEPENDANT, AVANT DE COMMENCER, LES SUJETS DE L'UN DES GROUPES DEVAIENT SIGNER UN CODE DE CONDUITE, S'ENGAGEANT AINSI À ÊTRE HONNÊTES.
COMPRENDS QUE
TEST EST SOUMIS À UN
DE CONDUITE
IL N'Y A PAS EU DE TRICHERIES DANS CE GROUPE !
SEULEMENT QUATRE BONNES RÉPONSES.
HMM
EN SE CORRIGEANT, LES SUJETS SE SONT SOUVENUS QU'ILS AVAIENT SIGNÉ UN CONTRAT ET PROMIS D'ÊTRE HONNÊTES.
OUCH !
HONNÊTETÉ
UN RAPPEL MORAL N'EST JAMAIS VIDE DE SENS : MÊME SANS MENACE DE SANCTION, IL INCITE À FAIRE PREUVE D'HONNÊTETÉ ET DE BONNE CONDUITE.

À L'INVERSE, UN CODE DE CONDUITE TROP STRICT SUPPRIME LA FLEXIBILITÉ DANS L'ENVIRONNEMENT PROFESSIONNEL.
UGH.
SOUS LA PRESSION DES RÈGLES, LES SALARIÉS RISQUENT DE PERDRE ESPRIT D'ÉQUIPE ET CRÉATIVITÉ.
PAS DE CHAOS DANS MES BUREAUX!
PATRON, VOTRE CODE DE CONDUITE M'EMPÊCHE TOUT SIMPLEMENT DE TRAVAILLER CORRECTEMENT!
ALORS, COMMENT OBTENIR L'ÉQUILIBRE ENTRE ORGANISATION ET FLEXIBILITÉ EN ENTREPRISE?
PAS FACILE! IL FAUT S'ACCROCHER. CHAQUE ENTREPRISE DOIT TROUVER LA MESURE ENTRE COMPENSATIONS FINANCIÈRES ET NORMES SOCIALES.
LA VÉRITABLE MOTIVATION EST LE PRODUIT DES NORMES SOCIALES!

CÔTÉ CONSOMMATION, LES MARQUES ESSAIENT DE TIRER PARTI DES NORMES SOCIALES POUR FIDÉLISER LEURS CLIENTS.
L'ASSURANCE MAÏVE ? UNE AMIE ATTENTIVE !
UNE PAIRE DE CHAUSSETTES ACHETÉE, UNE PAIRE DE CHAUSSETTES DONNÉE
ENTRE VOUS ET NOUS, C'EST UNE HISTOIRE D'AMOUR
PLUTÔT QUE DE VANTER LEURS PRIX OU LEURS PRODUITS, ELLES VEULENT QUE LE CONSOMMATEUR LES CONSIDÈRE COMME DES AMIES.

ATTENTION, CETTE STRATÉGIE PEUT SE RETOURNER CONTRE LA MARQUE ! LE JOUR OÙ LE CLIENT SE SENTIRA TRAHI, IL QUITTERA LE NAVIRE...
... ET LE DIRA AUTOUR DU LUI !

ÇA PARAÎT COMPLIQUÉ, MAIS AU TRAVAIL, IL EXISTE DES STRATÉGIES EFFICACES POUR ÉQUILIBRER NORMES SOCIALES ET LOI DU MARCHÉ !

CHAPITRE CINQ

VOLONTÉ ET MOTIVATION AU TRAVAIL

PAR EXEMPLE, LE PATRON D'ADAM VEUT LE RÉCOMPENSER POUR SON IMPLICATION ET SON BON TRAVAIL TOUT AU LONG DE L'ANNÉE ÉCOULÉE.
AHEM.
APRÈS MÛRE RÉFLEXION...
... IL ME RESTE DEUX OPTIONS...

UNE PRIME DE 1000 € EN ESPÈCES...
... OU UN SÉJOUR AUX BAHAMAS TOUS FRAIS PAYÉS !
FORFAIT VACANCES
oooO!!
HM...
QUE PRÉFÉREZ-VOUS?

TU VEUX LE CASH, N'EST-CE PAS?
UH-HUH
C'ÉTAIT SÛR!
ON PRÉFÈRE TOUS L'ARGENT!
C'EST TOUT À FAIT VRAI : ENTRE DE L'ARGENT LIQUIDE ET UNE PRIME EN NATURE D'UNE VALEUR ÉQUIVALENTE, LA PRÉFÉRENCE VA GÉNÉRALEMENT À L'ARGENT.
ARGENT
PRIME EN NATURE
EN 2008, VICTORIA SHAFFER ET HAL ARKES ONT RÉALISÉ UNE ÉTUDE : LEURS SUJETS POUVAIENT CHOISIR ENTRE 1500 € OU DES CADEAUX D'UNE VALEUR ÉQUIVALENTE.
PASS SAISON
PLACES DE FOOT
ORDI
1500 €
ENCEINTES SYSTÈME AUDIO
TV ÉCRAN PLAT
CROISÈRE 5 JOURS
LE RÉSULTAT? 63% DES PARTICIPANTS ONT CHOISI L'ARGENT!

CE N'EST PAS FAUTE DE LE RÉPÉTER DEPUIS LE DÉBUT !
L'AVANTAGE AVEC L'ARGENT, C'EST QU'IL SE DÉPENSE QUAND TU VEUX, COMME TU VEUX !
ESSENCE
COURSES
LOYER
DÛ
LE SÉJOUR SOUS LES TROPIQUES EST TENTANT MAIS ÇA NE PAIE PAS LE LOYER !
OK… MAIS J'AI APPRIS CERTAINES CHOSES.
JE SAIS QUE LE TRAVAIL EST PERÇU DIFFÉREMMENT DANS LE MONDE DES NORMES SOCIALES ET CELUI DU MARCHÉ.
$$$
POUF !
ABSOLUMENT !

FACE À CE GENRE DE CHOIX, EN EFFET, LES GENS PRÉFÈRENT L'ARGENT...
... MAIS EST-CE LA MEILLEURE DÉCISION SUR LE LONG TERME?
L'ÉTUDE MENTIONNÉE PLUS HAUT COMPORTAIT UNE SECONDE PARTIE. IL A ÉTÉ DEMANDÉ AUX (NOUVEAUX) SUJETS CE QU'ILS RESSENTIRAIENT APRÈS AVOIR REÇU LEUR PRIME – DE L'ARGENT POUR UN GROUPE, UNE PRIME EN NATURE POUR L'AUTRE.
1500 €
ORDI
SYSTÈME AUDIO
PLACES DE FOOT
TV
CROISIÈRE
DANS L'ENSEMBLE, LES SUJETS DU GROUPE « PRIME EN NATURE » ONT ESTIMÉ QUE LE CADEAU LEUR APPORTERAIT UNE SATISFACTION PLUS DURABLE SUR LE LONG TERME QUE LES SUJETS DU GROUPE « ARGENT ».
LA CROISIÈRE ÉTAIT FANTASTIQUE! JE NE L'OUBLIERAI JAMAIS!
LA MOTIVATION SOCIALE PEUT BOOSTER L'ÉTAT D'ESPRIT D'UN SALARIÉ ET SES PERFORMANCES SUR LE LONG TERME.

L'ARGENT OU DES AVANTAGES EN NATURE MODIFIENT LA PERCEPTION DE LA RELATION À L'EMPLOI DANS LE FUTUR.
HM.
CECI POURRAIT DEVENIR CELA
WORK CO.
WORK CO.
meh.
JE VOUS VEUX BÛCHEUR, MOTIVÉ ET COMPLÈTEMENT DÉVOUÉ À VOTRE TRAVAIL...
... HEUREUX D'EN FAIRE PLUS...
... SOUCIEUX DE VOTRE JOB...
BILAN
... QUE VOUS Y PENSIEZ MÊME UNE FOIS RENTRÉ CHEZ VOUS.

AVEC DU CASH, TON PATRON RENFORCE LE CÔTÉ « MARCHÉ » DE VOTRE RELATION : IL MET UN PRIX SUR TES PERFORMANCES.
AH!
RAPPELLE-TOI : SOUVENT, L'INDIVIDU ADAPTE SES EFFORTS EN FONCTION DE LA SOMME D'ARGENT REÇUE.
YAWN
TAP TAP
TAP TAP
TAP TAP
€
10 C = PLUTÔT MOINS DE TRAVAIL QUE 4 €
40 € = PLUS DE TRAVAIL QUE 4 €
AVEC UNE BELLE PRIME FINANCIÈRE, JE PEUX DONC M'ATTENDRE À PLUS DE TRAVAIL?
L'ARGENT A SES LIMITES ! AU-DELÀ D'UN CERTAIN POINT, IL N'ACCROÎT PLUS LA MOTIVATION.

ET NON SEULEMENT LES EFFETS DU CASH FINISSENT PAR DÉCROÎTRE...

... MAIS D'APRÈS LA RECHERCHE, UNE RÉMUNÉRATION TRÈS IMPORTANTE DIMINUE POTENTIELLEMENT LES PERFORMANCES !

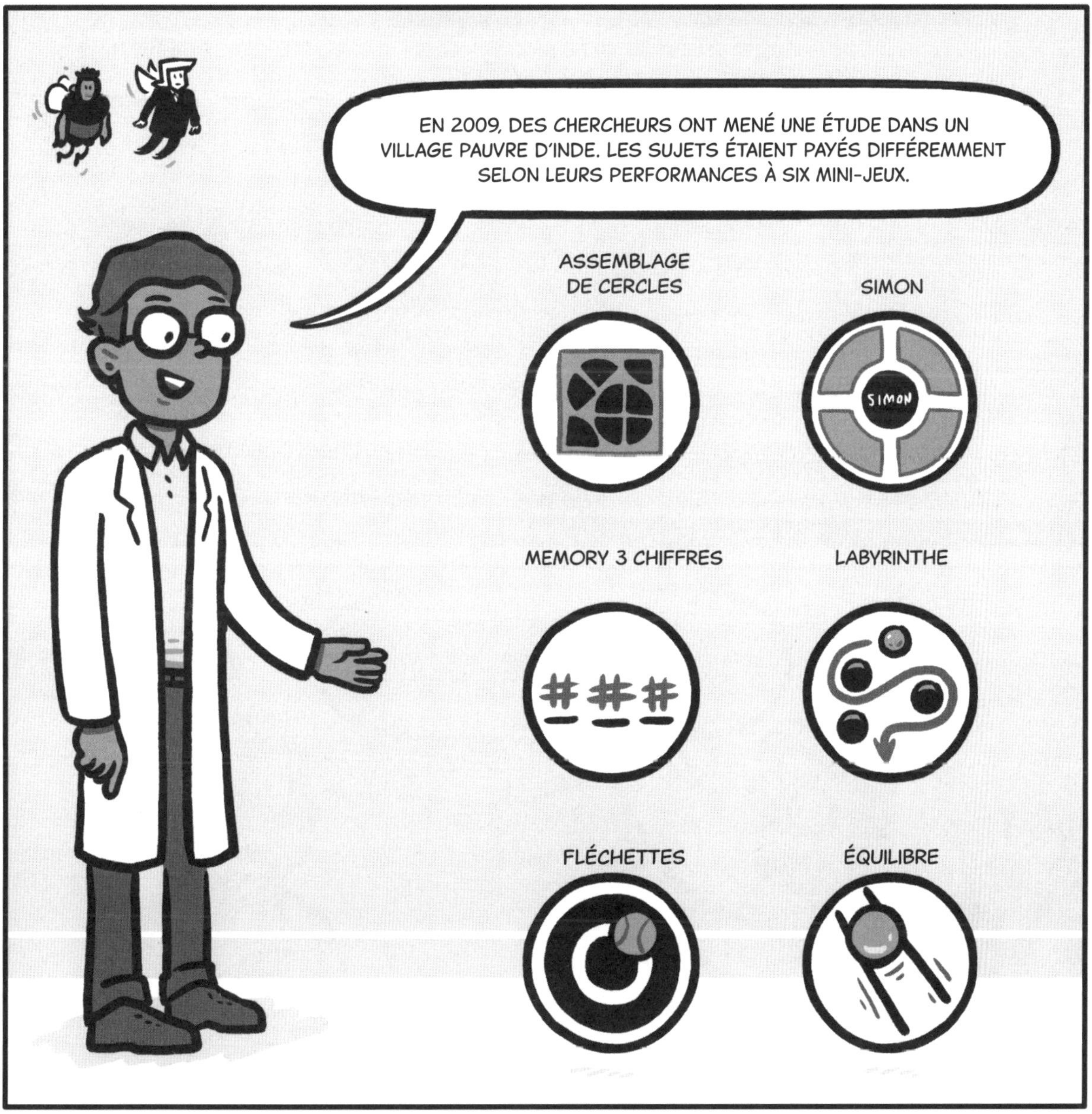
EN 2009, DES CHERCHEURS ONT MENÉ UNE ÉTUDE DANS UN VILLAGE PAUVRE D'INDE. LES SUJETS ÉTAIENT PAYÉS DIFFÉREMMENT SELON LEURS PERFORMANCES À SIX MINI-JEUX.
ASSEMBLAGE DE CERCLES
SIMON
SIMON
MEMORY 3 CHIFFRES
LABYRINTHE
FLÉCHETTES
ÉQUILIBRE

POUR CHAQUE JEU, QUICONQUE ATTEIGNAIT UN «BON» OU UN «TRÈS BON» NIVEAU RECEVAIT DE L'ARGENT.
UNE MAUVAISE PERFORMANCE? PAS D'ARGENT.
LES ÉCHELLES DE PAIEMENT ÉTAIENT DE TROIS NIVEAUX – FAIBLE, MOYEN, ÉLEVÉE – , ET ÉTAIENT ASSIGNÉES À TROIS GROUPES DE SUJETS. IL Y AVAIT DONC DE GRANDS ÉCARTS DE PAIEMENTS.
LA PLUS GROSSE RÉCOMPENSE DANS LE GROUPE « FAIBLE » ÉTAIT DE 4 ROUPIES, AUTANT DIRE PAS GRAND-CHOSE...
LA PLUS GROSSE RÉCOMPENSE DANS LE GROUPE « ÉLEVÉE » ÉTAIT DE 400 ROUPIES, SOIT L'ÉQUIVALENT D'UN MOIS DE DÉPENSES!
ON POURRAIT PENSER QUE LES SUJETS ONT FAIT DE LEUR MIEUX DANS LE GROUPE PROMETTANT LA PLUS GROSSE RÉCOMPENSE, NON?
400 ROUPIES?!
MHM
200

LES PERFORMANCES ONT ÉTÉ SIMILAIRES DANS LES GROUPES « BAS » ET « MOYEN ».
LES SUJETS PROMIS À UNE RÉMUNÉRATION ÉLEVÉE S'ÉNERVAIENT, TRAVAILLAIENT PLUS LENTEMENT ET COMMETTAIENT PLUS D'ERREURS.
À UN CERTAIN POINT, L'ARGENT JOUE CONTRE LA PERFORMANCE !
BAS
MOYEN
ÉLEVÉ
DANS CETTE ÉTUDE, L'ARGENT ALTÈRE LA MOTIVATION ET LA PERFORMANCE. EST-CE PAREIL DANS LA VRAIE VIE ?
ABSOLUMENT !
TU ME LE PROUVES ?
UNE EXPÉRIENCE A ÉTÉ MENÉE PAR LE FABRICANT AMÉRICAIN DE PNEUS GOODYEAR.
EN 1995, L'ENTREPRISE A VOULU BOOSTER SES VENTES DE PNEUS AQUATRED.

NOUS VOULONS SAVOIR CE QUI MOTIVERAIT LE PLUS NOS SALARIÉS : DES AVANTAGES FINANCIERS OU EN NATURE...
GOODYEAR
GOODYEAR A RÉPARTI AU HASARD SES REVENDEURS EN DEUX GROUPES.
PENDANT SIX MOIS, LES REVENDEURS D'UN GROUPE ONT REÇU DES RÉMUNÉRATIONS FINANCIÈRES POUR BOOSTER LEURS VENTES...
TO: JANET SMITH
$ $ $ $
FOR: BONUS
... QUAND LES REVENDEURS DE L'AUTRE GROUPE RECEVAIENT UNE SÉLECTION DE CADEAUX ET DES VOYAGES D'UN MONTANT ÉQUIVALENT.
SUR LA PÉRIODE, LES VENTES ONT AUGMENTÉ DANS LES DEUX GROUPES.
CEPENDANT, LES VENTES DU GROUPE « CADEAUX » ONT BONDI DE 46 % DE PLUS*.
HAUSSE DES VENTES
30%
20%
10%
0%
* HAUSSE DES VENTES DE PNEUS AQUATRED RESPECTIVEMENT DE 32 % ET 22 %

MAIS POURQUOI DONC?
LA RÉCOMPENSE «CADEAU» EST PLUS À MÊME DE CRÉER UN LIEN ÉMOTIONNEL ENTRE LE SALARIÉ ET SON TRAVAIL...
... CE QUI ACCROÎT SA MOTIVATION À TRAVAILLER DUR.
OK, MAIS CES RÉSULTATS NE CONCERNENT QU'UNE SEULE ENTREPRISE.
HM
PLUSIEURS ÉTUDES ONT ABOUTI À DES RÉSULTATS SIMILAIRES...

EN 2014, LIAD BAREKET-BOJMEL, GUY HOCHMAN ET DAN ARIELY ONT ÉTUDIÉ COMMENT DIFFÉRENTES PRIMES À COURT TERME AFFECTAIENT LA PRODUCTIVITÉ D'UNE USINE DE PUCES INFORMATIQUES.
PUCE & CIE
LES CHERCHEURS ONT D'ABORD MESURÉ LA PRODUCTIVITÉ DE BASE DE CHAQUE OUVRIER – LE NOMBRE MOYEN DE PUCES ASSEMBLÉES PAR JOUR.
PUCES 9
ILS ONT ENSUITE OFFERT UNE PRIME AUX OUVRIERS DÉPASSANT LEUR PRODUCTIVITÉ DE BASE LE PREMIER JOUR DE LEUR CYCLE DE TRAVAIL – CYCLE QUI COMPTAIT QUATRE JOURS.
FAITES MIEUX ET VOUS AUREZ UNE BELLE PRIME !
TRAVAIL
REPOS
DIFFÉRENTES PRIMES ONT ÉTÉ TESTÉES.
BON POUR UN MENU PIZZA
POUR VOUS
CASH
LETTRE DE FÉLICITATIONS

ET DONC?...
SANS SURPRISE, TOUTES LES PRIMES ONT PROVOQUÉ UNE HAUSSE DE LA PRODUCTIVITÉ DE BASE LE PREMIER JOUR : 5 % EN MOYENNE.
5%
PRODUCTIVITÉ DE BASE
TOUTEFOIS, SUR LE RESTE DU CYCLE DE TRAVAIL, LES DIFFÉRENCES ENTRE LA MOTIVATION SOCIALE ET CELLE DU MARCHÉ SONT DEVENUES ÉVIDENTES.
TRAVAIL
REPOS
!!!
LA PRODUCTIVITÉ DES OUVRIERS AYANT CHOISI LE MENU PIZZA OU LA LETTRE DE FÉLICITATIONS EST RETOMBÉE À SON NIVEAU DE BASE DÈS LE LENDEMAIN.
POUR VOUS
BOF
BOF
MAIS LA PRODUCTIVITÉ DES OUVRIERS AYANT REÇU LE CASH A CHUTÉ DE 6,5 % SOUS LE NIVEAU DE BASE SUR LE CYCLE DE TRAVAIL RESTANT !
€
€
€
BLIP
BLOOP

L'ARGENT A DONC PLUTÔT DESSERVI L'ENTREPRISE?
OUI!
CE TYPE DE MOTIVATION EST TRÈS TENTANT, MAIS SES EFFETS ONT TENDANCE À SE VOLATILISER DÈS QUE L'ARGENT DISPARAÎT.
ET IL PEUT ÊTRE CONTRE-PRODUCTIF!
N'ÉTANT PLUS RÉCOMPENSÉ POUR TRAVAILLER PLUS, JE SUIS ENCORE MOINS MOTIVÉ QU'AVANT!
6
CADEAUX ET PRIMES « SOCIALES » MOTIVENT TOUT AUSSI BIEN (OU MIEUX) À COURT TERME, ET CELA SANS SAPER LA MOTIVATION SUR LE LONG TERME.
OUI, L'INTENTION COMPTE VRAIMENT!

EN 2012, EN ALLEMAGNE, SEBASTIAN KUBE, MICHEL ANDRÉ MARÉCHAL ET CLEMENS PUPPE ONT RECRUTÉ DES ÉTUDIANTS PAYÉS 12 € DE L'HEURE POUR ENTRER DES DONNÉES DANS UN ORDINATEUR PENDANT PLUS DE TROIS HEURES.
TAP TAP TAP TAP TAP TAP TAP
LE GROUPE TÉMOIN RECEVAIT SA PAIE ET RIEN DE PLUS. LES SUJETS DES AUTRES GROUPES RECEVAIENT UNE COMPENSATION SUPPLÉMENTAIRE AVANT MÊME DE COMMENCER À TRAVAILLER :
UNE PRIME DE 7 € (SOIT 20 % DU SALAIRE)
12/H +
5
2
HM
UN CADEAU TRÈS BIEN EMBALLÉ D'UNE VALEUR DE 7 €
12/H +
OOH
LE CHOIX ENTRE L'ARGENT ET LE CADEAU
12/H +
5
2
12/H +
OU 7 € JOLIMENT PRÉSENTÉS EN ORIGAMI ET GLISSÉS DANS UNE ENVELOPPE.
12/H +
2
5
POUR TOUTES CES PRIMES, UNE MÊME VALEUR... MAIS DES RÉSULTATS DIFFÉRENTS.

RAPPELLE-TOI : CES SUJETS RECEVAIENT UNE COMPENSATION DE 20 % SUPÉRIEURE À CELLE DES MEMBRES DU GROUPE TÉMOIN.
DANS LE MONDE DES NORMES DU MARCHÉ, TOUT TYPE DE PRIME FINANCIÈRE PRODUIRAIT PLUS DE TRAVAIL.

MAIS CETTE ÉTUDE A MONTRÉ QUE L'ARGENT LIQUIDE N'A QUASIMENT EU AUCUN EFFET SUR LE TRAVAIL FOURNI PAR LES SUJETS.
BAH...

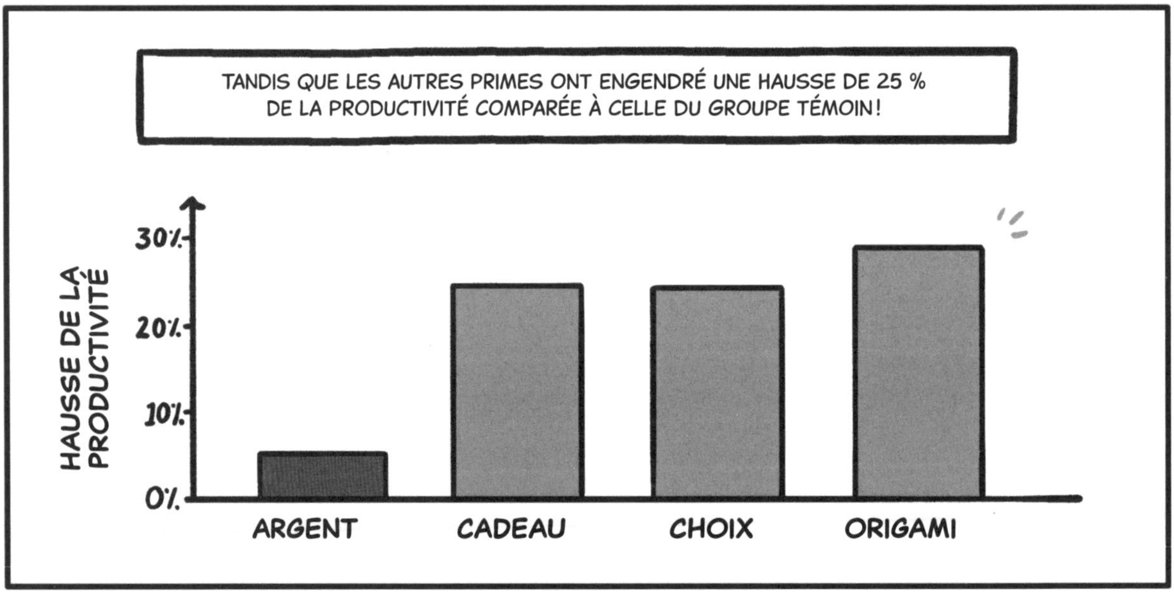
TANDIS QUE LES AUTRES PRIMES ONT ENGENDRÉ UNE HAUSSE DE 25 % DE LA PRODUCTIVITÉ COMPARÉE À CELLE DU GROUPE TÉMOIN !
HAUSSE DE LA PRODUCTIVITÉ
30%
20%
10%
0%
ARGENT
CADEAU
CHOIX
ORIGAMI

LA NORME SOCIALE DE RÉCIPROCITÉ A FONCTIONNÉ AVEC TOUTES LES RÉCOMPENSES... EXCEPTÉ L'ARGENT LIQUIDE.
PROUVANT AINSI QUE LE TEMPS ET LES EFFORTS CONSACRÉS À LA RÉCOMPENSE ONT TENU LES SUJETS DANS LE MONDE DES NORMES SOCIALES, BOOSTANT DE FAIT LEUR MOTIVATION.
RETOUR AU BUREAU...
J'AURAIS BEAU VOUS DONNER PLUS D'ARGENT POUR QUE VOUS TRAVAILLIEZ PLUS...
... JE NE PEUX PAS VOUS PAYER POUR VOUS FAIRE AIMER VOTRE TRAVAIL.
EH OUI ! MON DÉVOUEMENT NE S'ACHÈTE PAS FACILEMENT !
VOILÀ QUI EST ESSENTIEL, CAR LA MOTIVATION INTRINSÈQUE EST PLUS PROFITABLE À TOUS QUE LA MOTIVATION EXTRINSÈQUE.

LA MOTIVATION INTRINSÈQUE VIENT DE L'INDIVIDU...
CE DERNIER EST MOTIVÉ PAR L'INTÉRÊT ET LE PLAISIR QUE LUI PROCURE SA TÂCHE, UN TRAVAIL BIEN FAIT, QUI A DU SENS.

LE SALARIÉ MOTIVÉ INTRINSÈQUEMENT EST PRÉCIEUX, CAR TRÈS APPLIQUÉ ET TOUJOURS PRÊT À EN FAIRE PLUS.
J'ADORE LE CÔTÉ « CASSE-TÊTE » DE MON JOB, JE M'ÉCLATE À ESSAYER DE COMPRENDRE DES TRUCS.
RIDESHARE
CE JOB EST IMPORTANT POUR MOI ! IL DONNE DU SENS À MA VIE !

À L'INVERSE,
LA MOTIVATION EXTRINSÈQUE VIENT DE L'EXTÉRIEUR.
L'INDIVIDU MOTIVÉ EXTRINSÈQUEMENT TRAVAILLE POUR RECEVOIR UNE RÉCOMPENSE OU ÉVITER UNE SANCTION.

LA MOTIVATION EXTRINSÈQUE INCITE LE SALARIÉ À NE PAS ALLER AU-DELÀ DE SA DESCRIPTION DE POSTE ET À EN FAIRE LE MINIMUM POUR OBTENIR SA RÉCOMPENSE.
JE TRAVAILLE POUR OBTENIR UNE PRIME.
JE DOIS TRAVAILLER POUR ÉVITER UNE MAUVAISE APPRÉCIATION.
DESHARE

MÊME LES ENFANTS FOURNISSENT MOINS D'EFFORTS S'ILS TRAVAILLENT POUR UNE RÉCOMPENSE, AU LIEU D'Y PRENDRE PLAISIR.
EN 1973, MARK LEPPER ET DAVID GREENE ONT MENÉ UNE ÉTUDE SUR DE JEUNES ENFANTS.
LES CHERCHEURS ONT D'ABORD MESURÉ LA PART DE TEMPS DE JEU QUE LES ENFANTS CONSACRAIENT AU DESSIN…
EN DESSINANT UN DRAGON
SANS DESSINER UN DRAGON
PLAY DOH
… PLUTÔT QU'À D'AUTRES ACTIVITÉS LUDIQUES DU TYPE CUBES OU PÂTE À MODELER.
ENSUITE, CHAQUE ENFANT A ÉTÉ ISOLÉ DANS UNE PIÈCE, AVEC DES FEUTRES ET UNE FEUILLE, ET OBSERVÉ PAR UN ADULTE.
Wow

DANS UN GROUPE, ÉTAIT PROMIS AUX ENFANTS UNE MÉDAILLE DORÉE À L'ISSUE DE L'ACTIVITÉ.
DANS UN AUTRE GROUPE, RIEN N'ÉTAIT PROMIS, MAIS LES ENFANTS AVAIENT LA SURPRISE DE RECEVOIR AUSSI UNE MÉDAILLE À L'ISSUE DE L'ACTIVITÉ. LE TROISIÈME GROUPE N'AVAIT RIEN DU TOUT.
BRAVO, MON GRAND.
LA QUALITÉ DES DESSINS ÉTAIT NOTÉE À LA FIN DU TEST.
HMM
LA SEMAINE D'APRÈS, LES CHERCHEURS MESURÈRENT DE NOUVEAU LA PART DE TEMPS LIBRE CONSACRÉE AU DESSIN.
LES DESSINS DES ENFANTS QUI S'ATTENDAIENT À RECEVOIR UNE RÉCOMPENSE ÉTAIENT D'UNE QUALITÉ BIEN INFÉRIEURE À CEUX DES ENFANTS DES DEUX AUTRES GROUPES.

EN CONCLUSION, LES ENFANTS QUI DESSINAIENT SIMPLEMENT POUR LE PLAISIR, SANS PROMESSE DE RÉCOMPENSE, SE SONT DAVANTAGE AMUSÉS ET SE SONT DONNÉ PLUS DE MAL.
CEUX QUI ÉTAIENT MOTIVÉS EXTRINSÈQUEMENT PAR LA RÉCOMPENSE SE SONT DÉPÊCHÉS DE FAIRE LE STRICT MINIMUM POUR OBTENIR LEUR MÉDAILLE.
J'ADORE DESSINER !
VIVEMENT MA MÉDAILLE !
PAR LA SUITE, LES ENFANTS DU GROUPE S'ATTENDANT À LA RÉCOMPENSE ONT CONSACRÉ MOINS DE LEUR TEMPS LIBRE AU DESSIN : POURQUOI DESSINER SANS RÉCOMPENSE AU BOUT ?
MEH.
TANDIS QUE LES ENFANTS DES AUTRES GROUPES ONT CONTINUÉ À MANIFESTER LEUR GRAND INTÉRÊT POUR LE DESSIN.
Ooooooo

COOL LA MOTIVATION INTRINSÈQUE, MAIS IL FAUT BIEN GAGNER SA VIE !
OUI, MAIS LE BULLETIN DE PAIE N'EST PAS SEULE MOTIVATION DU SALARIÉ.

IL Y A DE LA MOTIVATION INTRINSÈQUE ET EXTRINSÈQUE DANS TOUT CE QUE NOUS FAISONS.
EN NOUS FOCALISANT SUR L'IMMATÉRIEL, NOUS POUVONS ACCROÎTRE LA MOTIVATION INTRINSÈQUE.
JOB QUI A DU SENS
ACTIVITÉS SOCIALES
PRIMES DE RÉSULTATS
BONUS ANNUELS
DÉFIS DE GROUPE
AMENDES
CADEAUX
AVANTAGES SOCIAUX
RECONNAISSANCE

HMM.

IDÉALEMENT, LE TRAVAIL PROCURE UN SALAIRE, MAIS AUSSI DU SENS, DE LA JOIE DANS L'EFFORT ET DE LA CONFIANCE EN SOI.

ET ÇA… ÇA NE S'ACHÈTE PAS !
UN PEU QUAND MÊME, SI LE SALAIRE EST CORRECT…
MMPH !
FAUX! MAIS SI L'EMPLOYEUR MÉNAGE UN ENVIRONNEMENT DE TRAVAIL ÉPANOUISSANT, ALORS OUI, IL POURRA COMPTER SUR DES SALARIÉS DÉVOUÉS, LOYAUX ET TRAVAILLEURS.
ET DANS CE CAS, NOTRE TRAVAIL A DU SENS, IL EST ENRICHISSANT SUR LE PLAN ÉMOTIONNEL ET NOUS SOMMES PLUS HEUREUX.

VOUS ÊTES UN PEU PERDU? VOYEZ PLUTÔT CETTE ÉTUDE MENÉE AUPRÈS DES CADETS DE WEST POINT, UNE ACADÉMIE MILITAIRE D'ÉLITE AMÉRICAINE.
LES CHERCHEURS ONT ÉTUDIÉ CE QUI AVAIT MOTIVÉ LES CADETS À INTÉGRER L'ACADÉMIE.
ÉTAIENT-ILS MOTIVÉS EXTRINSÈQUEMENT PAR LE POUVOIR ET LA RICHESSE?
OU PLUTÔT MOTIVÉS INTRINSÈQUEMENT PAR LA FIERTÉ ET LA DÉTERMINATION?
STATUT
RÉUSSITE
POUVOIR
PAIE
RECONNAISSANCE FAMILIALE
SENS
ESTIME DE SOI
ÉPANOUISSEMENT
CURIOSITÉ
RAISON D'ÊTRE
LA PLUPART PARTAGEAIENT DES MOTIVATIONS INTRINSÈQUES ET EXTRINSÈQUES; MAIS LES CHERCHEURS ONT CONSTATÉ QUE, SUR LE LONG TERME, LES UNES APPORTAIENT PLUS QUE LES AUTRES.

VOUS AVEZ PARIÉ SUR LA MOTIVATION INTRINSÈQUE? GAGNÉ!
UNE FORTE MOTIVATION INTRINSÈQUE A ÉTÉ ASSOCIÉE À LA PROBABILITÉ QU'UN CADET AILLE AU BOUT DE SA FORMATION, REÇOIVE UNE PROMOTION PRÉCOCE ET RESTE OFFICIER AU-DELÀ DES CINQ ANS MINIMUM REQUIS.
LA MOTIVATION EXTRINSÈQUE A ÉTÉ ASSOCIÉE À DES PERFORMANCES MOINDRES ET UNE FORTE PROBABILITÉ DE NE PAS ACHEVER LA FORMATION.
RAPPELEZ-VOUS : UNE MOTIVATION PEUT EN CHASSER UNE AUTRE! ELLES NE S'ADDITIONNENT PAS FORCÉMENT!
ET LES EFFETS DE L'UN OU L'AUTRE TYPE DE MOTIVATION PEUVENT DURER DES ANNÉES!

SI SEULEMENT LES ENTREPRISES CESSAIENT DE VOIR EN LEURS SALARIÉS DES « OUTILS ONÉREUX »...
1991
... POUR LES CONSIDÉRER EN TERMES SOCIAUX...
AMI
MEMBRE DE LA COMMUNAUTÉ
COLLÈGUE
PARENT
FRÈRE
GARS SYMPA
OREILLE ATTENTIVE
... ELLES COMPRENDRAIENT QUE LES PRIMES EN NATURE DONNENT ENVIE AUX SALARIÉS DE SE DÉPASSER ET D'ÊTRE PLUS INVESTIS DANS LE TRAVAIL.
BONNES CONDITIONS SOCIALES
FIERTÉ DANS LA PERFORMANCE
SOUTIEN ENTRE COLLÈGUES
AMOUR DU TRAVAIL
MÊME DES AVANTAGES SOCIAUX ULTRA-PRATIQUES, DU TYPE ABONNEMENT À LA SALLE DE GYM, CRÈCHE GRATUITE OU ASSURANCE MALADIE, AURAIENT DES EFFETS PLUS DURABLES QUE LES PRIMES FINANCIÈRES.
CES AVANTAGES JOUENT SUR LES NORMES SOCIALES ET LA MOTIVATION INTRINSÈQUE, PLUTÔT QUE SUR UNE BANALE TRANSACTION TRAVAIL/ARGENT.
HUFF HUFF

DONC, POUR UN BON ENVIRONNEMENT DE TRAVAIL, NOUS, EMPLOYEURS, DEVRIONS CRÉER DE BONNES CONDITIONS SOCIALES...
DE PLUS EN PLUS D'ENTREPRISES ESSAIENT AUJOURD'HUI DE RÉCOLTER LES FRUITS D'UN CADRE DE TRAVAIL ORIENTÉ VERS LE SOCIAL.
CO.
GOOGLE, PAR EXEMPLE, MULTIPLIE LES AVANTAGES : COIFFEUR GRATIS, CANTINES « GOURMETS » ET CABINES DE SIESTE !
ZZZ
EN DÉPLACEMENT, LES SALARIÉES DE ZILLOW EXPÉDIENT LEUR LAIT MATERNEL TOUS FRAIS PAYÉS.
TWITTER OFFRE DES REPAS-TRAITEUR ET DES SÉANCES D'ACUPUNCTURE À SES EMPLOYÉS.
MAIS PERSONNE NE VEUT TRAVAILLER UNIQUEMENT POUR DES CADEAUX...
MERCI POUR LA CASQUETTE ET LE CAFÉ GRATUIT, MAIS SI ON PARLAIT DE MA FACTURE D'ÉLECTRICITÉ ?
CO.

DONC...
... POUR MAINTENIR CES AVANTAGES, CES ENTREPRISES DOIVENT ÉGALEMENT MAINTENIR LEUR PART DU MARCHÉ SOCIAL.
HUH?
CRÈCHE FERMETURE DÉFINITIVE
DANS LES PASSES DIFFICILES, ELLES DOIVENT SOUTENIR LEURS SALARIÉS ET MONTRER LA COMPASSION ASSOCIÉE AUX RELATIONS SOCIALES.
JE COMPRENDS VOS DIFFICULTÉS. JE VAIS ADAPTER VOS HORAIRES SANS PROBLÈME.
SNIFF
POUR MOI, C'EST L'ÉVIDENCE MÊME !
MAIS, SI ON NE CONSIDÈRE QUE L'ARGENT, IL EST FACILE DE SOUS-ESTIMER LA FORCE DES NORMES SOCIALES.

BIEN SÛR ! UNE RÉMUNÉRATION JUSTE EST ESSENTIELLE POUR AVOIR DES SALARIÉS HEUREUX ET PRODUCTIFS, MAIS...
... LES SEULES PRIMES FINANCIÈRES NE SONT PAS LA MEILLEURE DES MOTIVATIONS.
ADAM...
VOILÀ VOTRE PRIME, BIEN MÉRITÉE.
JE SERAI BREF : PASSEZ UN SÉJOUR FORMIDABLE AUX BAHAMAS ! CONSIDÉREZ CE VOYAGE COMME LE GAGE DE MA GRATITUDE !
BAHAMAS VACATION PACKAG
FANTASTIQUE !
J'AI APPRIS QUE, SOUVENT, PATRON ET SALARIÉ FERAIENT MIEUX DE RESTER DU CÔTÉ SOCIAL DE LA MOTIVATION.
C'EN EST LE PARFAIT EXEMPLE. MERCI !

J'AI RÉALISÉ QUE JE DEVAIS CONSACRER PLUS DE TEMPS À RÉFLÉCHIR AU BIEN-ÊTRE DE MES EMPLOYÉS...
... CE QUI BÉNÉFICIERA À TOUT LE MONDE!
HM!
À L'INVERSE D'UNE SOMME D'ARGENT, LE SOUVENIR DE CES VACANCES ME DURERA TOUTE LA VIE!
J'AI HÂTE!

CHAPITRE SIX

ALLER-RETOUR POUR LE MARCHÉ

JESSE, SON VOISIN, EST FIER DE SON POTAGER GIGANTESQUE.
CHAQUE ANNÉE, IL OFFRE À ADAM UN GRAND PANIER DE TOMATES.
VOILÀ POUR TOI!
C'EST UNE PREUVE D'AMITIÉ, UN GESTE DE PARTAGE.
AUPARAVANT, ADAM REMERCIAIT JESSE AVEC PETITE GOURMANDISE À BASE DE TOMATES.
Sauce tomate
MAIS L'AN PASSÉ, ADAM A CRU AVOIR UNE MEILLEURE IDÉE.
IL EN A PEUT-ÊTRE MARRE DE MA SAUCE TOMATE?

OUAH, JESSE! SUPERBE! LAISSE-MOI T'EN DONNER 30 €.
C'EST BIEN TROP CHER!
HEIN? OH... JE PENSE QU'ELLES VALENT BIEN ÇA... MERCI!
L'ANNÉE SUIVANTE, TOUT A CHANGÉ...
HÉ! ALORS, CE POTAGER
SUPER! VEUX-TU DES TOMATES?
OH, OUI! VOLONTIERS, MERCI!
...

HEU... MAINTENANT OU...?
OK! TU PAIES TOUT DE SUITE? TU AS VU LA PANCARTE?
OH.
TOMATES BIO
30 € LE PANIER
OH. NON... JE CROYAIS... PARCE QU'AVANT... HEU...
J'AI DÉCIDÉ DE NE PLUS DISTRIBUER GRATUITEMENT TOUTE MA RÉCOLTE! J'Y CONSACRE BEAUCOUP DE TRAVAIL APRÈS TOUT.
MOI QUI PENSAIS QU'ON ÉTAIT AMIS!
JE SUIS DEVENU UN CLIENT!

JE TE SENS UN PEU DÉÇU, NON?
JE N'AURAIS PAS DÛ MÊLER L'ARGENT À ÇA…
POUF!
POUF!
TU AURAS DU MAL À REVENIR À VOTRE RELATION D'ANTAN; JESSE CONSIDÈRE DÉSORMAIS SES TOMATES COMME UNE TRANSACTION.
MAIS PEUX-TU LUI EN VOULOIR DE SAISIR UNE OPPORTUNITÉ QUAND ELLE SE PRÉSENTE?
Hm

NOUS SAVONS QUE LES NORMES DU MARCHÉ PRENNENT LE DESSUS SUR LES NORMES SOCIALES. MAIS QUE SE PASSERAIT-IL SI TU TENTAIS DE REVENIR AUX NORMES SOCIALES?
JE PEUX L'AVOIR? JE SERAI TON MEILLEUR AMI!
ALLEEEEEEZ! POUR UN EURO!
PEUT-ON REVENIR À UN CADRE SOCIAL UNE FOIS QU'IL A ÉTÉ QUESTION D'ARGENT?
OK!!
ATTENDS! REVIENS!
J'AI APPRIS CE MATIN QU'IL ÉTAIT PLUS FACILE DE PASSER À UNE RELATION DE MARCHÉ QUE DE REVENIR À UNE RELATION SOCIALE.
SOUPIR...

L'ÉTUDE D'URI GNEEZY ET ALDO RUSTICHINI MENÉE EN 2001 DANS UNE GARDERIE APPORTE DES RÉPONSES CONCRÈTES.
DANS TOUTES LES GARDERIES, IL ARRIVE AUX PARENTS D'ÊTRE EN RETARD POUR RÉCUPÉRER LEUR ENFANT.
À LA FIN DE LA JOURNÉE DE TRAVAIL, LE PERSONNEL DOIT DONC ATTENDRE L'ARRIVÉE DU PARENT RETARDATAIRE.
EN GÉNÉRAL, IL N'Y A PAS DE PÉNALITÉ POUR CES RETARDS, MAIS UN CONTRAT SOCIAL TACITE POUSSE LE PARENT À ARRIVER À L'HEURE, FAUTE DE QUOI IL ÉPROUVE UN SENTIMENT DE CULPABILITÉ.
LA HONTE ! ON DOIT ME PRENDRE POUR UN MAUVAIS PARENT ET QUELQU'UN D'INCONSIDÉRÉ !
Hi Mom
Hi
Hi Hi

LES CHERCHEURS ONT RÉPARTI AU HASARD EN DEUX GROUPES DIX GARDERIES, PUIS ONT OBSERVÉ LES TAUX DE RETARD PENDANT QUATRE SEMAINES.
MOYENNE ARRIVÉES TARDIVES
20
15
10
5
0
1
2
3
4
5
6
7
SEMAINE
GROUPE TÉMOIN
GROUPE EXPÉRIMENTAL
ILS ONT ENSUITE DÉCIDÉ DE TESTER SI UNE PETITE AMENDE POUVAIT DIMINUER LES TAUX DE RETARD.
LES PARENTS DU GROUPE EXPÉRIMENTAL SE VOYAIENT INFLIGER UNE AMENDE POUR TOUT RETARD DE PLUS DE 10 MINUTES. PAS D'AMENDE POUR LE GROUPE TÉMOIN.
NOUS IMPOSONS DÉSORMAIS UNE AMENDE AUX PARENTS EN RETARD POUR RÉCUPÉRER LEUR ENFANT.
À PARTIR DE LA SEMAINE PROCHAINE, 10 €* SERONT FACTURÉS POUR TOUTE ARRIVÉE APRÈS 16 HEURES.
* L'ÉQUIVALENT D'UNE HEURE DE BABY-SITTING
LES RETARDS ONT-ILS DIMINUÉ?
NON! BIEN AU CONTRAIRE!

AVEC LA MISE EN PLACE DE L'AMENDE, LES RETARDS ONT AUGMENTÉ !
GROUPE TÉMOIN
GROUPE EXPÉRIMENTAL
MOYENNE ARRIVÉES TARDIVES
AVANT L'AMENDE
SEMAINE
L'AMENDE A TRANSFORMÉ LA SITUATION EN TRANSACTION COMMERCIALE. LES PARENTS ONT ÉVALUÉ LES COÛTS ET LES AVANTAGES D'UN RETARD.
PAS D'AMENDE
À L'HEURE
COÛT FAIBLE
PRATIQUE
EN RETARD
ILS NE SE SENTAIENT PLUS COUPABLES D'ARRIVER 20 MINUTES EN RETARD.
JE PAIE APRÈS TOUT !
VU LE MONTANT DE L'AMENDE, JE POURRAIS RESTER PLUS LONGTEMPS AU BUREAU ?
ÇA VAUT SOUVENT LE COUP !
NOUS SOMMES TRÈS OCCUPÉS. HONNÊTEMENT, PARFOIS, IL Y A PLUS IMPORTANT QU'UNE AMENDE.

LÀ ENCORE, QUAND LES NORMES DU MARCHÉ SE HEURTENT AUX NORMES SOCIALES, LES PREMIÈRES PRENNENT LE DESSUS, LES NORMES SOCIALES DISPARAISSENT.
MAIS ÇA SE COMPLIQUE !
ENSUITE, LES GARDERIES ONT SUPPRIMÉ L'AMENDE.
CHTACK !!
LES NORMES SOCIALES ONT-ELLES REPRIS LEURS DROITS ?
LES PARENTS SE SONT-ILS À NOUVEAU SENTIS COUPABLES À CHAQUE RETARD ?
NON !
AU CONTRAIRE, LES PARENTS ÉTAIENT DÉSORMAIS PLUS SOUVENT EN RETARD QU'AVANT.

AUX YEUX DES PARENTS, LA SANCTION SOCIALE – LA CULPABILITÉ – ET CELLE DU MARCHÉ – L'AMENDE – AYANT ÉTÉ RETIRÉES DE L'ÉQUATION, ILS ONT ÉTÉ PLUS FRÉQUEMMENT EN RETARD.
GROUPE TÉMOIN
GROUPE EXPÉRIMENTAL
MOYENNE ARRIVÉES TARDIVES
AVANT L'AMENDE
APRÈS L'AMENDE
SEMAINE
HÉ, TRANQUILLE...
SLURRRP
QUEL BAZAR !
MAIS JE VOIS D'OÙ ÇA VIENT, EN FAIT...

VOILÀ LA TRISTE VÉRITÉ : QUAND LA NORME SOCIALE SE HEURTE À LA NORME DU MARCHÉ, LA NORME SOCIALE DISPARAÎT – ET POUR LONGTEMPS.
YELP!
MÊME UNE HAUSSE DE TARIF MALADROITE PEUT CHANGER LA NATURE D'UNE RELATION. DEMANDE À NETFLIX!
NETFLIX
PENDANT DES ANNÉES, LES ABONNÉS BÉNÉFICIAIENT DE SERVICES DE STREAMING ET DE LOCATION POUR 9,99 $ PAR MOIS. EN 2011, NETFLIX A ANNONCÉ QU'IL SÉPARAIT LES DEUX SERVICES ET AUGMENTAIT SES TARIFS DE 60 %.
COÛT (€)
20
15
10
5
0
$9.99
$15.98
AVANT
APRÈS
POUR CONTINUER À PROFITER DU STREAMING, LES CLIENTS DEVAIENT ACCEPTER CETTE HAUSSE ET OUVRIR UN COMPTE SUR QWIKSTER, UN SERVICE SPÉCIFIQUE.
LES ABONNÉS QUI N'UTILISAIENT QU'UN SEUL SERVICE N'ONT PAS VRAIMENT RÉAGI, MAIS LES AUTRES ONT JUGÉ INJUSTE CETTE HAUSSE DE TARIF INATTENDUE ET ÉTAIENT CONTRARIÉS DE DEVOIR CRÉER UN DEUXIÈME COMPTE.
HUH?
Qwikster
NETFLIX

LES ABONNÉS LES PLUS FIDÈLES SE SONT SENTI TRAHIS.
C'EST AVEC CE GENRE DE COUP BAS QUE JE SUIS REMERCIÉE DE MA FIDÉLITÉ?
LA HAUSSE DE PRIX A SUSCITÉ UN SENTIMENT D'INJUSTICE : NOMBRE DE CLIENTS FIDÈLES ONT QUITTÉ LE NAVIRE.
FLIX
SANS MOI!
EN UN MOIS, NETFLIX A PERDU ENVIRON 800 000 DE SES 12 MILLIONS D'ABONNÉS ET L'ACTION S'EST EFFONDRÉE EN BOURSE. TRÈS VITE, L'ENTREPRISE S'EST EXCUSÉE ET A DÉCIDÉ DE FAIRE MACHINE ARRIÈRE.
2011 ACTION NETFLIX
HAUSSE TARIF
VALEUR DE L'ACTION
250
200
150
JAN. FÉV MAR. AVR. MAI JUIN JUIL. AOÛ. SEP. OCT.
LE CHOC A ÉTÉ RUDE, MAIS NETFLIX A FINI PAR SE REMETTRE DE CE FAUX PAS.
LA CONFIANCE ET LA FIDÉLITÉ FONT PARTIE DE LA SPHÈRE DES NORMES SOCIALES. SI L'UNE DISPARAÎT, L'AUTRE AUSSI.

IL EST DIFFICILE DE TROUVER UN POINT D'ÉQUILIBRE SATISFAISANT ENTRE LES LOIS DU MARCHÉ ET LES NORMES SOCIALES.
PASSER AUX NORMES DU MARCHÉ A DES EFFETS TRÈS DURABLES...
BOUM
HOP!
... QUI NE SE LIMITENT PAS À DES AMENDES OU DES HAUSSES DE TARIF !
SELON LE CONTEXTE, L'ARGENT AFFECTE LE COMPORTEMENT DE FAÇON INATTENDUE ET PARFOIS GÊNANTE.
LA RECHERCHE A PROUVÉ QUE L'ON PEUT SE RÉVÉLER ÉGOÏSTE ET MOINS BIENVEILLANT RIEN QU'EN PENSANT À L'ARGENT... VOILÀ JUSQU'OÙ LES NORMES DU MARCHÉ AFFECTENT LE COMPORTEMENT.
€
?

L'ÉTUDE DE STEPHAN MEIER À L'UNIVERSITÉ DE ZURICH A MONTRÉ QUE, SUR LE LONG TERME, LE VERSEMENT D'UNE CONTRIBUTION COMPLÉMENTAIRE POUVAIT DIMINUER LE DON CARITATIF.
COLLEGE
COLLEGE
CHAQUE SEMESTRE, EN RENOUVELANT LEUR INSCRIPTION, LES ÉTUDIANTS ONT LA POSSIBILITÉ DE DONNER À DEUX FONDS D'AIDE AUX ÉTUDIANTS DÉFAVORISÉS.
JE VEUX DONNER...
CHF 40
LES CHERCHEURS ONT PRIS NOTE DU MONTANT DES DONS DES ÉTUDIANTS AU COURS DES TROIS SEMESTRES AVANT ET APRÈS L'EXPÉRIENCE.
EN VERSANT UNE CONTRIBUTION ÉQUIVALENTE AU DON, Y AURAIT-IL UN EFFET POSITIF OU NÉGATIF SUR LE LONG TERME?
D'HABITUDE, LES ÉTUDIANTS DONNAIENT SOIT AUX DEUX FONDS, SOIT RIEN DU TOUT.
LES ÉTUDIANTS ONT ÉTÉ RÉPARTIS AU HASARD EN TROIS GROUPES.
GROUPE 1 : CONTRIBUTION DE 25 % DU MONTANT DU DON.
... GROUPE 2 : CONTRIBUTION DE 50 %
... PAS DE CONTRIBUTION POUR LE GROUPE TÉMOIN.

LA CONTRIBUTION DES CHERCHEURS A-T-ELLE INCITÉ LES ÉTUDIANTS À DONNER PLUS QU'AVANT ?
SI TU REGARDES BIEN LES CHIFFRES...
LES DONS ONT LÉGÈREMENT AUGMENTÉ DANS LES GROUPES 1 ET 2 AU COURS DU SEMESTRE EXPÉRIMENTAL, MAIS ILS ONT CHUTÉ AUX TROIS SEMESTRES SUIVANTS !
BOOP !
LES ÉTUDIANTS DES GROUPES 1 ET 2 ONT EFFECTIVEMENT DONNÉ MOINS QU'AVANT ET ONT MÊME EU TENDANCE À NE PLUS RIEN DONNER DU TOUT.
COMME AVEC LES PARENTS RETARDATAIRES, LE COMPORTEMENT DES ÉTUDIANTS A CHANGÉ UNE FOIS QUE L'ATTENTION S'EST PORTÉE SUR L'ARGENT. ILS NE SE SENTAIENT PLUS SOCIALEMENT OBLIGÉS DE DONNER AUTANT.
1¢
O GROUPE TÉMOIN
● GROUPES 1 ET 2
DON MOYEN (CHF)
8.6
8.4
8.0
7.6
EXPÉRIENCE
SEMESTRES PRÉCÉDENTS
SEMESTRES SUIVANTS
LES PRATIQUES DE COMPORTEMENT PROSOCIAL* NE RÉAPPARAISSENT PAS IMMÉDIATEMENT – IL FAUT DU TEMPS, DE LA CONFIANCE ET DES EFFORTS.
* LE COMPORTEMENT PROSOCIAL EST DIRIGÉ AVANT TOUT VERS LES AUTRES – PARTAGE, DONS CARITATIFS, AIDE AUX PERSONNES EN DIFFICULTÉ.

RETOUR AU QUOTIDIEN...
OUPS ! C'EST L'HEURE DU DÎNER !
D'HABITUDE, POUR OBTENIR UN COUP DE MAIN, JE RAPPELLE AUX ENFANTS QUI LEUR DONNE LEUR ARGENT DE POCHE...
... MAIS CE SOIR, JE VAIS ESSAYER AUTRE CHOSE.
HÉ, LES ENFANTS ! ON PEUT REGARDER UN FILM CE SOIR SI VOUS M'AIDEZ À PRÉPARER LE DÎNER !
HMMMM
UN FILM !!
WAOUUUUU !

CHAPITRE SEPT

QUESTION DE BON SENS

SI TU NE FAIS PAS ATTENTION, VOILÀ CE QUI T'ATTEND...
ALORS, CES VACANCES? QUELLE CHANCE QUE TON BOULOT T'OFFRE DE TELS CADEAUX! LES PHOTOS SONT SENSASS'!
C'ÉTAIT GÉNIAL ! MAIS...
... UNE VIEILLE COPINE DE FAC GARDAIT LA MAISON EN NOTRE ABSENCE ET... ÇA NE S'EST PAS BIEN PASSÉ.
AH BON?
À NOTRE RETOUR, IL Y AVAIT PAS MAL DE TRUCS QUI CLOCHAIENT...
MAIS VOUS AVIEZ UN CONTRAT? JE SUIS AVOCATE, VOUS AURIEZ DÛ ME DEMANDER CONSEIL!

BIEN SÛR ! NOUS PENSIONS AVOIR UN CONTRAT EN BÉTON !
ON CROYAIT AVOIR PENSÉ À TOUT !
S'IL FALLAIT APPELER UN PLOMBIER...
EEEEP!
... OU EN CAS DE CAMBRIOLAGE !
... SI L'UN DE SES INVITÉS TOMBAIT DANS NOTRE ESCALIER !
AAAAAH!
... SI ELLE GLISSAIT EN PASSANT LA SERPILLIÈRE ET CHUTAIT SUR LA LAMPE QUI RENVERSERAIT LE CLIMATISEUR !

UN CONTRAT DE 23 PAGES ! VERROUILLÉ ! ET POURTANT...
CONTRAT
HEU... ON CLASSE NOS LIVRES PAR COULEUR... QUE S'EST-IL PASSÉ ?
NORTH
ELLE A SIFFLÉ TOUS NOS ALCOOLS !
MOI QUI GARDAIS CE WHISKY PRÉCIEUSEMENT !
FANCY BOOZE
ON AVAIT PASSÉ DES HEURES À ESSAYER DE PRÉVOIR TOUT CE QUI POURRAIT ARRIVER... ET POURTANT, NOUS AVONS OUBLIÉ DES TAS DE CHOSES !
À MON AVIS, VOUS N'AVEZ AUCUN RECOURS SI CES POINTS PRÉCIS N'ÉTAIENT PAS STIPULÉS DANS LE CONTRAT.
JE NE PEUX MÊME PAS ÊTRE EN COLÈRE ! ELLE A RESPECTÉ LE CONTRAT À LA LETTRE !

POUF!
POURQUOI AS-TU ESSAYÉ DE PRÉVOIR TOUS LES CAS DE FIGURE POSSIBLES ET IMAGINABLES?
TU AURAIS DÛ FAIRE CONFIANCE À SON JUGEMENT ET SON SENS MORAL! C'EST AINSI QUE NOUS FONCTIONNONS POUR LES ACCORDS DU QUOTIDIEN.
MAIS IL S'AGIT DE MA MAISON ! IL FALLAIT AVOIR SACRÉMENT CONFIANCE!
POUF!
UN PETIT COURS SUR LES CONTRATS PEUT-ÊTRE?

QUAND TU PASSES UN CONTRAT AVEC QUELQU'UN, TU CONCLUS UN ACCORD EN TERMES DE TEMPS, D'ESPACE ET DE CIRCONSTANCES.
LES RÈGLES
TU SIGNES POUR COMBIEN DE TEMPS? UNE SEMAINE À PARTIR D'AUJOURD'HUI? UN AN? DIX ANS?
AUJOURD'HUI
BIENTÔT
FUTUR LOINTAIN
ET SI, PENDANT CE LAPS DE TEMPS, LE CONTEXTE CHANGE? SI TES BESOINS ÉVOLUENT?
UN CONTRAT PEUT PRÉVOIR CE GENRE DE CHOSES.
EN GÉNÉRAL, NOUS POUVONS CONCLURE DEUX TYPES DE CONTRATS.

DES CONTRATS COMPLETS
ET DES CONTRATS INCOMPLETS.
CONTRAT
DÛ
UN CONTRAT COMPLET DÉTAILLE PRÉCISÉMENT TOUT CE QU'IL FAUT FAIRE, DANS TOUTES LES SITUATIONS, MÊME LES PLUS IMPROBABLES.
DANS LE CADRE D'UN ACCORD, LE CONTRAT COMPLET MET L'ACCENT SUR L'ASPECT « MARCHÉ » – RÈGLES ET ÉCHANGES PRÉCIS.
LE CONTRAT INCOMPLET ÉNONCE LES DISPOSITIONS GÉNÉRALES D'UN ACCORD MAIS, IMPLICITEMENT, LES DEUX PARTIES COLLABORERONT DE BONNE FOI POUR RÉGLER TOUT PROBLÈME IMPRÉVU.
LE CONTRAT COMPLET DOIT PROTÉGER LES DEUX PARTIES DANS LE CAS DE TOUTE UNE SÉRIE D'ÉVÉNEMENTS. IL DÉTAILLE CE QUI DOIT SE PRODUIRE SELON TELLE OU TELLE CIRCONSTANCE – LA MAUVAISE COMMUNICATION, LES ERREURS OU LA CONFIANCE N'Y ONT PAS LEUR PLACE.
?
QUE SE PASSE-T-IL EN CAS DE RETARD?
EN CAS D'ERREUR?
EN CAS DE DÉCÈS?

COMMENT RÉDIGER UN TEL CONTRAT?
FRRRT
FRRRT
PEUT-ON RÉELLEMENT PRÉVOIR L'IMPRÉVU?
FWIPP!
IMAGINE QUE TU VEUILLES CONCLURE UN CONTRAT AVEC UNE NOUVELLE BABY-SITTER.
RÈGLEMENT DE LA MAISON
TU NE VEUX RIEN LAISSER AU HASARD : TU LUI CONFIES TES ENFANTS APRÈS TOUS...
CE CONTRAT REQUIERT BEAUCOUP DE CLAUSES SPÉCIFIQUES...

... SON HEURE D'ARRIVÉE PRÉCISE...
19:00
AVENTURE MAXI
... CE QUE LES ENFANTS PEUVENT REGARDER À LA TÉLÉ, JUSQU'À QUELLE HEURE...
... LA QUANTITÉ DE LAIT AUTORISÉE POUR LIAM.
1% MEUH
TOUT CELA EST ABSOLUMENT FACTUEL ET QUANTIFIABLE.
- ARRIVÉE 19 H
- TÉLÉ 30 MIN, CHAÎNE 35 SEULEMENT
- 1 VERRE DE LAIT
D'AUTRES POINTS SONT DIFFICILES À IDENTIFIER.
- COMPORTEMENT IRRÉPROCHABLE
- ÉVEILLER LEUR CURIOSITÉ
- AVOIR UN PLAN B POUR TOUT
HEIN?

NOUS POURRIONS PASSER DES HEURES À ESSAYER DE TOUT PRÉVOIR, NOUS OUBLIERIONS FORCÉMENT DES DÉTAILS IMPORTANTS !
SI NOTRE FILS AVALE DE TRAVERS UN COOKIE RASSIS VOLÉ DANS LE PLACARD ? LA BABY-SITTER DOIT-ELLE TENTER LA MÉTHODE DE HEIMLICH OU APPELER LES POMPIERS?
ANGOISSANT, N'EST-CE PAS?
PAT PAT
EN RÉALITÉ, IL EST IMPOSSIBLE DE RÉDIGER UN CONTRAT 100 % COMPLET.
QUOI?!

POUR 1 MOIS
POUR 1 SEMAINE
LA VIE EST COMPLIQUÉE ET, DANS LA PLUPART DES CAS, ON NE PEUT PAS VRAIMENT TOUT PRÉVOIR.
POUR 12 HEURES
RÉDIGER UN CONTRAT EN ESSAYANT DE FAIRE EN SORTE QU'IL SOIT EXHAUSTIF PRENDRAIT UN TEMPS FOU.
MAINTENANT

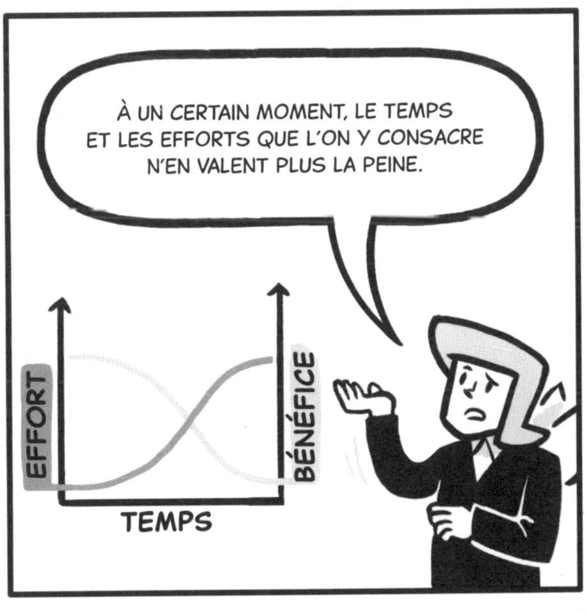
À UN CERTAIN MOMENT, LE TEMPS ET LES EFFORTS QUE L'ON Y CONSACRE N'EN VALENT PLUS LA PEINE.
EFFORT
BÉNÉFICE
TEMPS

DANS LA PRATIQUE, LA MAJORITÉ DES CONTRATS SONT, PLUS OU MOINS, INCOMPLETS.

DANS LA SPHÈRE SOCIALE, NOUS PASSONS DES ACCORDS D'UNE PORTÉE GÉNÉRALE.
AVEC DES LACUNES, DES GÉNÉRALISATIONS ET BEAUCOUP D'IMPRÉCISIONS !
QUAND TU EMPRUNTES LA PERCEUSE DE LA VOISINE, TU NE RESSENS PAS LE BESOIN DE PRÉCISER COMBIEN DE VIS TU UTILISERAS OU DE NÉGOCIER UN DÉDOMMAGEMENT SI TU CASSES L'OUTIL.
RELATION DE VOISINAGE
TOUT EST BASÉ SUR L'HYPOTHÈSE QUE NOUS SERONS CAPABLES DE RÉSOUDRE TOUT PROBLÈME ACCIDENTEL.

NOS VIES S'APPUIENT SUR CES CONTRATS INCOMPLETS. LE MARIAGE, PAR EXEMPLE !
IL REPOSE SUR UN CONTRAT TRÈS GÉNÉRAL.
AU QUOTIDIEN, IL N'EST PAS QUESTION D'UN ÉCHANGE DE TYPE A CONTRE B, COMME DANS UN CONTRAT COMPLET.
RAMASSER SES CHEVEUX DANS LA DOUCHE
N'EST PAS UN ÉCHANGE DIRECT CONTRE
S'EMBRASSER POUR EXPRIMER SON AMOUR
(PAR EXEMPLE)
AVANT DE S'ENGAGER « POUR LE MEILLEUR ET POUR LE PIRE », PERSONNE NE LISTE TOUTES LES CLAUSES CONCERNANT LES ÉVÉNEMENTS SUSCEPTIBLES DE SURVENIR DANS NOS VIES. ON S'EN TIENT AU CONTRAT GÉNÉRAL !

INÉVITABLEMENT, DE TEMPS EN TEMPS, VOUS N'ÊTES PAS D'ACCORD.
MAIS EN GÉNÉRAL, NOUS NOUS ENTENDONS ASSEZ BIEN ET NOUS NOUS AIMONS MALGRÉ NOS NOMBREUX DÉFAUTS.
"NOMBREUX"?!
LE MARIAGE ILLUSTRE UN POINT-CLÉ DES CONTRATS INCOMPLETS...
... LES DEUX PARTIES S'ENGAGENT À UN SOUTIEN MUTUEL ET À TROUVER ENSEMBLE DES SOLUTIONS QUAND UN OBSTACLE SURGIT.

SI L'UN DE VOUS DEUX EST SÉVÈREMENT BLESSÉ ET A BESOIN D'AIDE, L'AUTRE NE VA SANS DOUTE PAS LUI DIRE : « CE N'ÉTAIT PAS PRÉVU DANS LE CONTRAT, TCHAO ! »
NON ! IDÉALEMENT, VOUS TROUVEREZ ENSEMBLE UN MOYEN DE POURSUIVRE VOTRE RELATION EN DÉPIT DE L'OBSTACLE, COMME CE FUT LE CAS À PLUSIEURS REPRISES PAR LE PASSÉ.
LE CONTRAT INCOMPLET EST PAR NATURE PORTEUR D'INÉGALITÉS...
... MAIS TOUT LE MONDE S'Y RETROUVE SUR LE LONG TERME.
SÉCURITÉ

CETTE APPROCHE POURRAIT VOUS AMENER À RECONSIDÉRER LES BASES DE LA GESTION DE VOTRE RELATION.
PAR EXEMPLE, AVEZ-VOUS UN COMPTE JOINT OU DEUX COMPTES SÉPARÉS?
COMPTES SÉPARÉS
COMPTE JOINT
DES ÉTUDES ONT MONTRÉ QUE LES DIVORCES SONT PLUS FRÉQUENTS QUAND LES ÉPOUX NE PARTAGENT PAS LEURS RESSOURCES.
SANS SURPRISE, LA GÉNÉROSITÉ EST UN FACTEUR ESSENTIEL DE LA RÉUSSITE D'UN MARIAGE.
QUE PUIS-JE FAIRE POUR TOI?
DANS TOUS LES ASPECTS DU QUOTIDIEN, IL VAUT MIEUX CONSIDÉRER SON PARTENAIRE COMME UN ALLIÉ, ET NON COMME UN ADVERSAIRE.
TOI + MOI
TEAM NOUS

PLUS GÉNÉRALEMENT…
SI LE TEINTURIER ABÎME TA CHEMISE PRÉFÉRÉE, LUI CONFIERAS-TU À NOUVEAU TES VÊTEMENTS?
AH NON!
CHTAK!
ET J'EXIGERAI UN REMBOURSEMENT!
MAIS SI TU PRÊTAIS CETTE CHEMISE À UN AMI ET QU'IL LA PERDAIT, CESSERAIS-TU DE LE VOIR?
ARGH!
HM..
NON! NOTRE AMITIÉ EST PLUS IMPORTANTE QU'UNE CHEMISE!
EXACTEMENT! FIDÉLITÉ, EMPATHIE, SOUPLESSE ET COMPRÉHENSION SONT LES PILIERS DES NORMES SOCIALES!

MAIS... NOUS SOMMES SI INQUIETS POUR L'AVENIR, NE DEVRIONS-NOUS PAS ESSAYER DE PRÉVOIR LE PIRE?
HM.
OUI... À CONDITION D'ÊTRE EN MESURE D'ÉTABLIR UN CONTRAT COMPLET PARFAITEMENT VERROUILLÉ!
... AU PRIX D'EFFORTS FARAMINEUX, DISONS QUE NOUS POUVONS ESPÉRER ATTEINDRE LES 80 % EN TERMES D'EXHAUSTIVITÉ...
... PUISQUE QU'IL EST IMPOSSIBLE DE PRÉVOIR LE FUTUR.
EXHAUSTIVITÉ
TEMPS
CELA EN VAUT-IL LA PEINE? POURQUOI NE PAS S'ARRÊTER À 50 % ? EN ACCEPTANT LA NATURE INCOMPLÈTE D'UN CONTRAT, NOUS POUVONS COMPTER SUR LE CONTRAT SOCIAL POUR COMBLER LES LACUNES, SI BESOIN.

COMPARONS LE PRINCIPE DE LA LETTRE DE LA LOI...
... ET CELUI DE L'ESPRIT DE LA LOI.
BOUH...
EN CAS D'ÉVÉNEMENT INATTENDU, NOUS SOUHAITONS QUE TOUTES LES PARTIES ADHÈRENT AU PRINCIPE GÉNÉRAL DE L'ACCORD ET S'ADAPTENT AUX NOUVELLES CIRCONSTANCES...
... PLUTÔT QUE DE S'EN TENIR AUX TERMES INITIAUX DU CONTRAT. VOILÀ L'ESPRIT DE LA LOI !
HELP!
UN CONTRAT TROP SPÉCIFIQUE SERA CONSIDÉRÉ COMME UNE TRANSACTION ET LES PARTIES S'EN TIENDRONT STRICTEMENT À LA LETTRE DE LA LOI...
CONTRAT
... ALORS QUE, CLAIREMENT, L'INTENTION ORIGINALE NE TIENT PLUS.

VOILÀ POURQUOI VOULOIR À TOUT PRIX UN CONTRAT TROP SPÉCIFIQUE EST RISQUÉ.
HA!!
COMME POUR CE CONSTRUCTEUR AUTOMOBILE.
SON SEUL OBJECTIF : LE RENDEMENT. MAIS À QUEL PRIX?
JE SUIS UN PRO DE LA NÉGO.
ET JE SUIS PRÊT À TOUT POUR OBTENIR LE MEILLEUR PRIX SUR LES PIÈCES DONT J'AI BESOIN.

L'ENTREPRISE A ORGANISÉ UNE VENTE AUX ENCHÈRES AVEC SES FOURNISSEURS AFIN D'OBTENIR LE PRIX LE PLUS BAS POUR CHAQUE TYPE DE PIÈCES.
OK, QUI ME FAIT LE MEILLEUR PRIX SUR UN LOT DE 129 EMBRAYAGES?
POUR EMPOCHER LE MARCHÉ, LES FOURNISSEURS N'ONT CESSÉ DE BAISSER LEURS PRIX.
PRIX
DURÉE DE LA VENTE
YESSS!
À L'ISSUE DE LA VENTE, L'ENTREPRISE AVAIT RÉUSSI À OBTENIR DE SES DIFFÉRENTS FOURNISSEURS LE MEILLEUR PRIX SUR CHAQUE PIÈCE.
PART 250
PART 219
PART 110
3110
DEAL!!
MAIS...

... PLUS TARD, L'ENTREPRISE A EU BESOIN DE PIÈCES SUPPLÉMENTAIRES N'ENTRANT PAS DANS LE CADRE DU CONTRAT HABILEMENT NÉGOCIÉ...
JE N'ARRIVE PAS À CROIRE QUE JE N'AI PAS COMMANDÉ SUFFISAMMENT DE LEVIERS DE VITESSE !
JE PEUX EN AVOIR 100 DE PLUS AVEC LE RABAIS NÉGOCIÉ ?
LES FOURNISSEURS ONT FLAIRÉ LA BONNE AFFAIRE ET ONT FACTURÉ CHAQUE PIÈCE SUPPLÉMENTAIRE AU PRIX FORT....
HEU... WALTER, IL VA Y AVOIR UNE MAJORATION LÀ...
... AU LIEU D'APPLIQUER AU CONSTRUCTEUR LES MÊMES PRIX BAS PRÉVUS PAR L'ACCORD INITIAL.
HUH?

CES CONTRATS SPÉCIFIQUES SE SONT RETOURNÉS CONTRE CETTE ENTREPRISE INCAPABLE DE PRÉVOIR PRÉCISÉMENT SES BESOINS ! LES PARTENAIRES SE SONT MÉTAMORPHOSÉS EN FOURNISSEURS AVIDES DE PROFITS.
SS
UGHH
DONC MÊME LES CONTRATS COMPLETS NE SONT PAS L'IDÉAL.
TOUT À FAIT !
IL AURAIT MIEUX VALU QUE L'ENTREPRISE TRAITE AVEC DES FOURNISSEURS QUI AURAIENT PRIS EN COMPTE LES ERREURS OCCASIONNELLES ET AURAIENT FAIT PREUVE DE SOUPLESSE POUR ESPÉRER DÉCROCHER DE NOUVEAUX CONTRATS.
BIEN SÛR, COMPTE SUR MOI.
OUF !

C'EST POURQUOI, SOUVENT, LE CONTRAT INCOMPLET EST UNE BONNE AFFAIRE.
SA FLEXIBILITÉ PERMET AUX DEUX PARTIES D'EXTRAPOLER L'ACCORD INITIAL ET DE TRAVAILLER ENSEMBLE AU RESPECT DE L'ESPRIT DE LA LOI.
AH, DONC EN ACCORD AVEC L'INTENTION GÉNÉRALE DU CONTRAT ?
OUI. AVEC UN CONTRAT INCOMPLET, TOUTES LES PARTIES DEVRONT FAIRE PREUVE DE BONNE VOLONTÉ POUR QUE TOUT FONCTIONNE…
… ET EN CAS DE PROBLÈME, LES PARTIES SAVENT QU'ELLES DEVRONT IMPROVISER ET S'ADAPTER AUX BESOINS DE TOUS.

C'EST TROP SENTIMENTAL POUR MOI ÇA...
L'ESPRIT DE LA LOI TE PARAÎT SUBJECTIF, MAIS SON RÔLE EST IMPORTANT, MÊME DANS DES SITUATIONS APPAREMMENT CLAIRES ET NETTES.
EN 2014, STEPHEN M. GARCIA A ÉTUDIÉ LE RÔLE DE L'ESPRIT ET DE LA LETTRE DE LA LOI DANS NOTRE FAÇON DE JUGER DE LA LÉGALITÉ ET DE LA BONNE APPLICATION DES LOIS.
ÉMOTION
PRÉJUGÉ
INFORMATION
MOTIVATION
CONTEXTE
NORMES
TU NE PEUX PAS FAIRE ÇA !
RÉPARTIS AU HASARD DANS DEUX GROUPES, LES SUJETS DEVAIENT IMAGINER SE GARER DANS UN PARKING DONT LE RÈGLEMENT STIPULAIT :
LA LOI :
AFIN D'OFFRIR UN STATIONNEMENT ACCESSIBLE À TOUS, VOUS ÊTES AUTORISÉ À STATIONNER SUR UNE PLACE « HANDICAPÉ » SI VOTRE VÉHICULE POSSÈDE UN MACARON « HANDICAPÉ »

LES SUJETS DE L'UN DES GROUPES DEVAIENT IMAGINER DÉSOBÉIR À LA LETTRE MAIS NON À L'ESPRIT DE LA LOI.
VOUS ÊTES HANDICAPÉ. VOUS CONDUISEZ LA VOITURE D'UN AMI, DÉPOURVUE DU MACARON « HANDICAPÉ ». VOUS VOUS GAREZ SUR UNE PLACE «HANDICAPÉ».
LES SUJETS DE L'AUTRE GROUPE DEVAIENT IMAGINER DÉSOBÉIR À L'ESPRIT MAIS NON À LA LETTRE DE LA LOI.
VOUS GAREZ LA VOITURE D'UN AMI QUI POSSÈDE UN MACARON « HANDICAPÉ » SUR UNE PLACE « HANDICAPÉ », SANS ÊTRE HANDICAPÉ VOUS-MÊME.
LES SUJETS RÉPONDAIENT ENSUITE À TROIS QUESTIONS.
AVEZ-VOUS AGI ILLÉGALEMENT?
AVEZ-VOUS VIOLÉ L'ESPRIT DE LA LOI?
DEVRIEZ-VOUS PAYER UNE AMENDE?

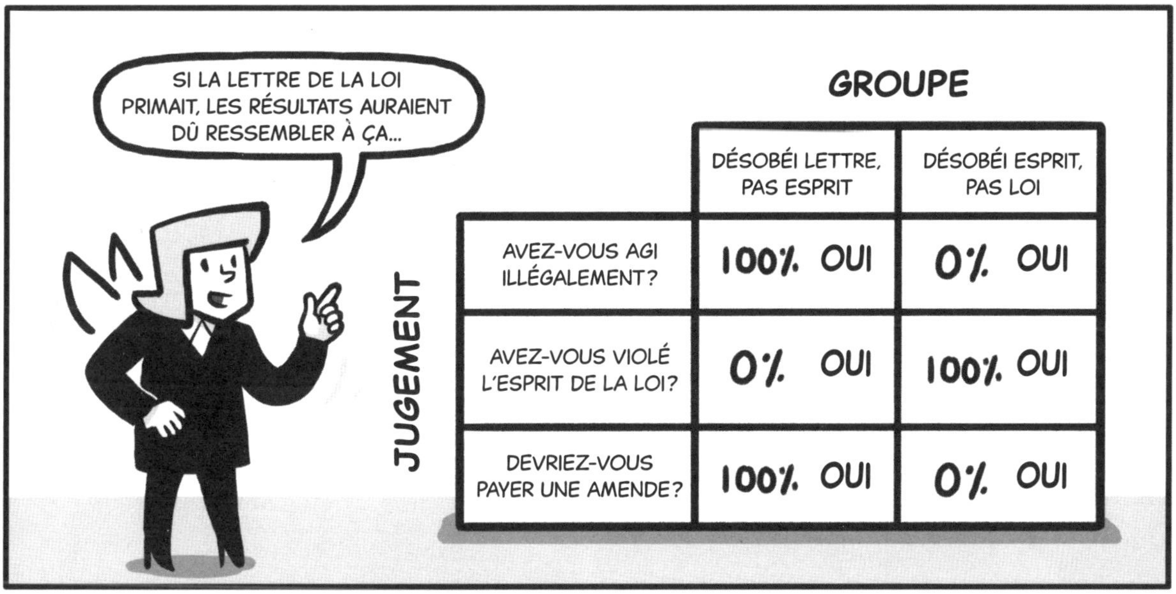

JUGEMENT	DÉSOBÉI LETTRE, PAS ESPRIT	DÉSOBÉI ESPRIT, PAS LOI
AVEZ-VOUS AGI ILLÉGALEMENT?	100% OUI	0% OUI
AVEZ-VOUS VIOLÉ L'ESPRIT DE LA LOI?	0% OUI	100% OUI
DEVRIEZ-VOUS PAYER UNE AMENDE?	100% OUI	0% OUI

JUGEMENT	DÉSOBÉI LETTRE, PAS ESPRIT	DÉSOBÉI ESPRIT, PAS LOI
AVEZ-VOUS AGI ILLÉGALEMENT?	83% OUI	23% OUI
AVEZ-VOUS VIOLÉ L'ESPRIT DE LA LOI?	37% OUI	80% OUI
DEVRIEZ-VOUS PAYER UNE AMENDE?	57% OUI	33% OUI

IL PEUT Y AVOIR DES CONSÉQUENCES ! PAR EXEMPLE...
BARRY SCHWARTZ ET KENNETH SHARPE ONT ÉTUDIÉ LES TÂCHES DU PERSONNEL DE MÉNAGE DES HÔPITAUX.
LA DESCRIPTION DU POSTE ÉNUMÈRE UNE FOULE DE TÂCHES SUBALTERNES...
VOS TÂCHES
... VIDER LES POUBELLES DANS LES CHAMBRES DES PATIENTS...
... PASSER LA SERPILLIÈRE...
... REMPLACER LES ROULEAUX DE PAPIER TOILETTE.
IL MANQUAIT POURTANT À CETTE LISTE UNE TÂCHE ESSENTIELLE...
INTERAGIR AVEC LES GENS OU FAIRE PREUVE DE BON SENS QUAND QUELQU'UN AVAIT BESOIN D'AIDE !

LE POSTE CONSISTE, EN EFFET, EN UNE SÉRIE DE TÂCHES.
PASSER LA SERPILLIÈRE
LAVER LES VITRES
REMPLACER LES BOÎTES DE MOUCHOIRS
?
MAIS DANS CET ENVIRONNEMENT SPÉCIFIQUE, L'EMPLOYÉ DOIT AUSSI RÉPONDRE À LA MISSION DE L'HÔPITAL – UN LIEU OÙ CHACUN DOIT SE SENTIR BIEN TRAITÉ, EN SÉCURITÉ, À L'AISE.
PAR EXEMPLE, SI UN PATIENT EST EN ÉTAT DE SOUFFRANCE, DOIT-IL ALLER CHERCHER UNE INFIRMIÈRE?
DOIT-IL AIDER UN VISITEUR À TROUVER LA CHAMBRE D'UN MEMBRE DE SA FAMILLE?
100-175

DANS CES CAS-LÀ, AVEC UN BRIN DE BON SENS, LES RÉPONSES SONT ASSEZ CLAIRES.
J'APPELLE L'INFIRMIÈRE !
PHEW
PASSEZ LA PORTE BATTANTE ET PRENEZ À DROITE !
100-175
MAIS AVEC SON CONTRAT DÉTAILLÉ POINT PAR POINT, L'HÔPITAL A ÉTABLI UNE FRONTIÈRE NETTE ENTRE CE QUI ÉTAIT DU RESSORT DE L'EMPLOYÉ ET CE QUI NE L'ÉTAIT PAS.
MON BOULOT
PASSER LA SERPILLIÈRE
FAIRE LES VITRES
REMPLACER LES BOÎTES DE MOUCHOIRS
NETTOYER LES TABLES
SORTIR LES POUBELLES
REMPLACER LES ROULEAUX DE PAPIER TOILETTE
PAS MON BOULOT
TOUT LE RESTE ! (PAR EXEMPLE...)
AIDER LES VISITEURS
DEMANDER AU PATIENT S'IL A BESOIN D'AIDE
SOURIRE À UN ENFANT QUI PLEURE
RETENIR L'ASCENSEUR SI QUELQU'UN ARRIVE
SI L'EMPLOYÉ SE PLIE À LA LETTRE DE LA LOI, IL LUI EST FACILE D'IGNORER LE VISITEUR PERDU POUR ALLER VIDER LES POUBELLES.
ÇA VA PAS SE FAIRE TOUT SEUL !

LE BON SENS – GUIDER UNE PERSONNE PERDUE PAR EXEMPLE – EST L'UN DES ÉLÉMENTS DU CONTRAT INCOMPLET...
PLAN
... QUI ENVISAGE LA MISSION GÉNÉRALE – L'ESPRIT – DE L'HÔPITAL, AU LIEU D'ÉNUMÉRER UNE LISTE DE TÂCHES.
ENCOURAGER L'ESPRIT DE LA LOI VIA DES CONTRATS INCOMPLETS PERMET AUX EMPLOYÉS D'EN APPELER À LEUR PROPRE JUGEMENT POUR FAIRE LE BIEN AU BON MOMENT.

REVENONS À NOS PROPRIÉTAIRES...
HUM. JE PENSE AVOIR DÉSORMAIS LA SOLUTION POUR NOS PROCHAINES VACANCES.
OH?
COMME AU CAMPING! LAISSEZ L'ENDROIT DANS LE MÊME ÉTAT QUE VOUS L'AVEZ TROUVÉ!
AVEC QUELQUES PRÉCISIONS?
OUI! MAIS SANS TROP DÉTAILLER NON PLUS.
JE SERAI PLUS TRANQUILLE SACHANT QUE LA PERSONNE QUI GARDE LA MAISON AGIT AVEC SON CŒUR PLUTÔT QU'AVEC DES RÈGLES STIPULÉES SUR PAPIER!
VOILÀÀÀÀÀ!

CHAPITRE HUIT

À GRANDE ÉCHELLE

L'ARGENT PEUT RÉSOUDRE UNE FOULE DE PROBLÈMES!
NON! EN NOUS PRÉCIPITANT SUR LES MOTIVATIONS FINANCIÈRES, NOUS PASSONS À CÔTÉ DES SOLUTIONS AUX PROBLÈMES SOCIAUX IMPORTANTS.
QUELS GENRES DE PROBLÈMES?
PAR EXEMPLE L'ENVIRONNEMENT, L'ÉDUCATION OU LA SANTÉ : À CETTE ÉCHELLE, DES OUTILS SOCIAUX JUDICIEUX AURAIENT UN IMPACT MAXIMAL À MOINDRE COÛT.
VOTE
OUI, J'AVOUE QUE LES MOTIVATIONS FINANCIÈRES PEUVENT REPRÉSENTER UN COÛT EXORBITANT.
IL N'EST PAS SEULEMENT QUESTION D'ÉCONOMIES! EN UTILISANT LES NORMES SOCIALES À BON ESCIENT, ON PEUT TROUVER DE NOUVELLES APPROCHES AUX PROBLÈMES RÉCURRENTS.

LA PROTECTION DE L'ENVIRONNEMENT, PAR EXEMPLE ! IL Y A URGENCE ! NOUS ÉPUISONS NOS RESSOURCES NATURELLES !
LE NIVEAU DE 21 DES 37 PLUS GROS AQUIFÈRES DE LA PLANÈTE BAISSE : CHAQUE JOUR, NOTRE RÉSERVE EN EAU DOUCE DIMINUE !
LA POLLUTION DE L'AIR PROVOQUE 200 000 DÉCÈS PRÉMATURÉS AUX USA. ET POURTANT QUE FAISONS-NOUS POUR PRÉSERVER NOTRE EAU ET NOTRE AIR ? RIEN !
COMMENT CHANGER NOS HABITUDES ET PROTÉGER NOS RESSOURCES ?
PAYER LES GENS POUR QU'ILS POLLUENT MOINS ?
HAUSSE DES PRIX DE L'ÉNERGIE ?
DES AMENDES SUR LES DÉCHETS ?
TROP LÉGÈRE, LA SANCTION NE MODIFIERA PAS LES COMPORTEMENTS ; TROP LOURDE, ELLE PÈSERA DE FAÇON INJUSTE SUR LES PLUS PAUVRES.
LES TARIFS, LES LOIS, LES PRIMES FINANCIÈRES SONT POPULAIRES, MAIS LA RECHERCHE A MONTRÉ QUE MOBILISER LA MOTIVATION SOCIALE DONNAIT DE BONS RÉSULTATS.

LES HÔTELS CHERCHENT À RÉDUIRE L'UTILISATION DES RESSOURCES POUR BAISSER LEURS COÛTS TOUT EN DIMINUANT LEUR IMPACT ENVIRONNEMENTAL.
CONCIERGE
MOINS D'EAU
MOINS DE LUMIÈRE
MOINS DE CLIM
LA RECHERCHE A ANALYSÉ LES DIFFÉRENTES FAÇONS D'INCITER LES CLIENTS À ÉCONOMISER LES RESSOURCES EN SUSPENDANT SIMPLEMENT LEURS SERVIETTES AFIN QU'ILS PUISSENT LES RÉUTILISER.
EN 2008, POUR UNE ÉTUDE, UNE AFFICHETTE DEMANDAIT AUX CLIENTS DE SUSPENDRE LEURS SERVIETTES.
SUR CERTAINES AFFICHETTES, UN MESSAGE SUR LA PROTECTION DE L'ENVIRONNEMENT...
AIDEZ-NOUS À PROTÉGER L'ENVIRONNEMENT!
RESPECTEZ LA NATURE ET AIDEZ-NOUS À PROTÉGER L'ENVIRONNEMENT EN RÉUTILISANT VOTRE SERVIETTE DURANT VOTRE SÉJOUR
SUR D'AUTRES, UN MESSAGE SIMILAIRE MAIS SPÉCIFIANT QUE LA PLUPART DES CLIENTS RÉUTILISAIENT LEURS SERVIETTES.
75 % DE NOS CLIENTS PARTICIPENT À NOTRE PROGRAMME D'ÉCONOMIE DES RESSOURCES NATURELLES EN RÉUTILISANT LEURS SERVIETTES.
FAITES COMME EUX ET PARTICIPEZ À LA PROTECTION DE L'ENVIRONNEMENT EN RÉUTILISANT VOS SERVIETTES DURANT VOTRE SÉJOUR!

SHOOP!
LES CLIENTS DESTINATAIRES DU SECOND MESSAGE RÉUTILISAIENT PLUS VOLONTIERS LEURS SERVIETTES.
% DE RÉUTILISATION
45
40
35
30
37,5%
44%
MESSAGE ENVIRONNEMENTAL
MESSAGE ENVIRONNEMENTAL ET NORMES SOCIALES
LORSQU'IL PENSE EN TERMES SOCIAUX, L'INDIVIDU VEUT IMITER SES PAIRS.
SI TOUT LE MONDE LE FAIT...
ET SI L'ON VEUT POUSSER LES GENS AU-DELÀ DE LA NORME SOCIALE EXISTANTE?
LA MOTIVATION SOCIALE PEUT Y AIDER!
YEP

EN 2012, AUTRE ÉTUDE : L'HÔTEL DONNAIT UN PIN'S À SES CLIENTS OU LEUR DEMANDAIT DE S'ENGAGER PAR ÉCRIT À RÉUTILISER LEURS SERVIETTES ET À RÉDUIRE LEUR CONSOMMATION D'ÉNERGIE.
AMI DE LA TERRE
CHARTE
EN VOYAGE COMME À LA MAISON, JE ME SOUCIE DE L'ENVIRONNEMENT. AMI DE LA TERRE, JE FERAI DE MON MIEUX POUR ADOPTER UN COMPORTEMENT RESPECTUEUX DE L'ENVIRONNEMENT AU COURS DE MON SÉJOUR.
OUI
NON
SÉPARÉMENT, AUCUN DES DISPOSITIFS N'A EU BEAUCOUP D'IMPACT. SEULS 60 % DES CLIENTS AYANT REÇU UN PIN'S OU SIGNÉ LA CHARTE ONT RÉUTILISÉ LEURS SERVIETTES... COMME CEUX SANS PIN'S NI CHARTE !
MAIS 73 % DES CLIENTS AYANT REÇU LE PIN'S ET SIGNÉ LA CHARTE ONT RÉUTILISÉ LEURS SERVIETTES !
AMI DE LA TERRE
LA RÉCIPROCITÉ PAR RAPPORT AU CADEAU REÇU ET LE RAPPEL DE LEUR ENGAGEMENT SOCIAL S'EST RÉVÉLÉ TRÈS EFFICACE !
CAF
DE-CAF
IL Y A BEAUCOUP DE FAÇONS DE RÉSOUDRE UN PROBLÈME AVEC DES OUTILS SOCIAUX. ON PEUT MÊME LES COMBINER – MAIS SANS MÉLANGER NORMES SOCIALES ET CELLES DU MARCHÉ !
MIX
MIX
MIX

LES MOTIVATIONS SOCIALES SONT UTILES DANS DE NOMBREUX DOMAINES !
L'ENTREPRISE OPOWER A RECOURS AUX NORMES SOCIALES POUR RÉDUIRE LA CONSOMMATION D'ÉNERGIE EN ENVOYANT UNE LETTRE AUX USAGERS COMPARANT LEUR CONSOMMATION À CELLE DE LEURS VOISINS ET DES FOYERS LES PLUS ÉCONOMES.
COMPARAISON VOISINAGE
VOTRE PERFORMANCE
SUPER
BONNE
LE MOIS DERNIER VOUS AVEZ CONSOMMÉ 15 % DE MOINS QUE VOS VOISINS ÉCONOMES
VOUS
VOISINS ÉCONOMES
TOUS LES VOISINS
504 kWh
596 kWh
1092 kWh
QUELQUES ASTUCES À ESSAYER !
DIVERS
RÉGLER ÉCRAN TÉLÉ
ÉCONOMISEZ 40 €/AN !
ACHATS
DÉTECTEURS DE MOUVEMENTS
ÉCONOMISEZ
INVESTISSEMENTS
NOUVEAU LAVE-LINGE
CETTE SIMPLE LETTRE A DIMINUÉ DE 2 % LA CONSOMMATION ÉNERGÉTIQUE PAR RAPPORT À CELLE D'UN GROUPE TÉMOIN.
2%
CE QUI ÉQUIVAUT À PEU PRÈS À ARRÊTER LA CLIM' 37 MINUTES PAR JOUR.
AC 75°C
ON
OFF
POUR OBTENIR CE RÉSULTAT PAR DES MOYENS FINANCIERS, LES FOURNISSEURS D'ÉNERGIE DEVRAIENT HAUSSER LES TARIFS DE 11 À 20 %.
€
€
€
CE QUI AFFECTERAIT INJUSTEMENT LES POPULATIONS PAUVRES ET MÈNERAIT À DES EFFETS NÉGATIFS INATTENDUS.
JE DOIS CHOISIR ENTRE CETTE FACTURE ET MON ASSURANCE SANTÉ...
€ € €

SI TU VEUX SAUVER LA PLANÈTE, TU DEVRAS PRENDRE D'AUTRES INITIATIVES POUR LES GÉNÉRATIONS FUTURES.
LES ENFANTS?
OUI! DE NOS JOURS, BEAUCOUP D'ENFANTS REÇOIVENT UNE ÉDUCATION QUI LAISSE À DÉSIRER.
UN SALAIRE JUSTE POUR LES PROFS ET DES BUDGETS ADÉQUATS : C'EST L'ESSENTIEL!
$
$
$
ET POUR S'ÉPANOUIR, À LA MAISON, UN ENVIRONNEMENT SÛR ET UN SOUTIEN SANS FAILLE.
VOUS AVEZ RAISON!
LES RÉFORMES SONT SI LENTES! IL EST POURTANT URGENT DE PROCÉDER À DES AJUSTEMENTS DANS LE SYSTÈME SCOLAIRE!

POUR AMÉLIORER LES PERFORMANCES DES PROFS ET DES ÉLÈVES, ON A SOUVENT RECOURS À L'ARGENT.
PRIMES DE RÉSULTATS
AMENDES POUR MAUVAIS RÉSULTATS
RÉTRIBUTION POUR BONNES NOTES
MISER SUR L'ARGENT POUR CHANGER LES COMPORTEMENTS EST TENTANT, MAIS LA RECHERCHE MONTRE QU'IL N'APPORTE PAS NÉCESSAIREMENT DE VÉRITABLES CHANGEMENTS.
UNE SÉRIE D'EXPÉRIENCES DANS PLUS DE 200 ÉCOLES PUBLIQUES DE NEW YORK, DALLAS ET CHICAGO A MONTRÉ QUE L'IMPACT DES PRIMES FINANCIÈRES ÉTAIT « STATISTIQUEMENT PROCHE DE ZÉRO ».
DANS CES ÉTUDES, LES ÉLÈVES DE DIFFÉRENTES CLASSES ÉTAIENT POUSSÉS À LIRE, À OBTENIR DE BONS RÉSULTATS AUX EXAMENS OU AVOIR DE BONNES NOTES.
GUERRE ET PAIX
RELEVÉ DE NOTES
EXAMEN
LES PRIMES ÉTAIENT TRÈS GÉNÉREUSES – DE 80 À 2000 $ PAR ÉLÈVE. MALGRÉ CELA, PEU OU PAS DE PROGRÈS ONT ÉTÉ OBSERVÉS PARMI LES ÉLÈVES.
MEH.
BEEP.
AUTRE EXEMPLE : LA LOI NCLB* (« AUCUN ENFANT LAISSÉ POUR COMPTE ») DE 2001.
* NO CHILD LEFT BEHIND

CETTE LOI AMÉRICAINE VISAIT À RELEVER LE NIVEAU GLOBAL EN INCITANT LES ÉCOLES À OBTENIR DE BONS RÉSULTATS AUX TESTS NATIONAUX.
50
75 MPH
1000 MPH
SI CERTAINES ÉCOLES ONT MIEUX PERFORMÉ AUX TESTS, LES EFFETS À LONG TERME SUR LA VIE DES ÉLÈVES ONT ÉTÉ PLUTÔT NÉGATIFS.
POURQUOI?
D'ABORD, LA LOI A FAIT DÉPENSER DE L'ARGENT POUR AMÉLIORER LES RÉSULTATS AUX TESTS STANDARDISÉS AU LIEU DE MISER SUR DES MARQUEURS PLUS SIGNIFICATIFS.
RÉSULTATS DE TESTS
ENTHOUSIASME
CURIOSITÉ
PROGRÈS
PRÉSENCE
SOUTIEN SOCIAL
PROJET UNIVERSITAIRE
ACTIVITÉS EXTRASCOLAIRES
CE SYSTÈME A ÉGALEMENT SAPÉ LA MOTIVATION DES PROFS ET LE DÉSIR INTRINSÈQUE DES ÉLÈVES D'APPRENDRE ET D'OBTENIR DE BONS RÉSULTATS.
POUR UN CHANGEMENT PROFOND ET DURABLE, MIEUX VAUT GÉRER LES PROBLÈMES SOUS-JACENTS PLUTÔT QUE DE PRENDRE LE RACCOURCI FINANCIER.
MÊME DE PETITS RÉAJUSTEMENTS POUR ENCOURAGER L'IMPLICATION DE LA FAMILLE SONT TRÈS EFFICACES.

PAR EXEMPLE, LA RECHERCHE A PROUVÉ QUE L'ENVOI AUX PARENTS DES NOTES ET DES DEVOIRS DEUX FOIS PAR SEMAINE PAR SMS AMÉLIORAIT LES RÉSULTATS DES ÉLÈVES.
NOTE : 12
DEVOIRS EN ATTENTE : DEUX
SANS SURPRISE, ÉLÈVES ET ENSEIGNANTS MOTIVÉS DE FAÇON INTRINSÈQUE ONT DE MEILLEURS RÉSULTATS.
TROUVER UN SENS
AMOUR DE L'ENSEIGNEMENT
DÉSIR DE PROGRESSER
JOIE D'UN TRAVAIL BIEN FAIT
CURIOSITÉ
OFFRIR UNE PRIME FINANCIÈRE À UN ENSEIGNANT EST SOUVENT SANS EFFET OU AFFECTE NÉGATIVEMENT LES RÉSULTATS DES ÉLÈVES !
MAIS COMMENT ÇA?
NON SEULEMENT LES NORMES SOCIALES DISPARAISSENT, MAIS LA PRIME EST RESSENTIE COMME INJUSTEMENT DISTRIBUÉE.
PAR EXEMPLE...
Aa Bb Cc
SEULS LES PROFS DANS LES 5 % SUPÉRIEURS SONT RÉCOMPENSÉS? JE N'Y ARRIVERAI PAS, INUTILE D'ESSAYER.
SI TU NE PEUX ACHETER NI L'AMOUR DU MÉTIER NI LA SOIF D'APPRENDRE, QUE PEUT OFFRIR LE MONDE DES NORMES SOCIALES DANS CE CONTEXTE?
? ? ?

TOUT LE MONDE DOIT SE SENTIR INVESTI ET SOUTENU AU NIVEAU PERSONNEL : LES ÉLÈVES, LES PARENTS, LES PROFESSEURS... MAIS AUSSI L'ADMINISTRATION.
LES RÈGLES DE LA MOTIVATION SOCIALE AU TRAVAIL S'APPLIQUENT AUSSI AUX PROFS, CAR LEUR JOB EST PARTICULIÈREMENT DIFFICILE.
ON DEVIENT PROF PAR AMOUR (OU AU MOINS PAR INTÉRÊT) DU PARTAGE DES CONNAISSANCES – VOILÀ LA VRAIE MOTIVATION.
JE SUIS DEVENU ENSEIGNANT AVEC L'ESPOIR DE RENDRE LE MONDE MEILLEUR.
CETTE MOTIVATION INTRINSÈQUE PEUT ÊTRE STIMULÉE PAR L'UTILISATION DE NORMES SOCIALES.
SUSCITER LE SENTIMENT D'APPARTENANCE
AIDER SES COLLÈGUES
METTRE L'ACCENT SUR LES SIMILITUDES SOCIALES
ENCOURAGER LA MOTIVATION INTRINSÈQUE POUR L'APPRENTISSAGE

PAR EXEMPLE, DANS LE MONDE SOCIAL, NOUS NOUS SOUCIONS NATURELLEMENT DE CEUX QUI NOUS RESSEMBLENT.
I ♥ DOGS
EN 2015, UNE ÉTUDE A ÉTÉ MENÉE SUR DES ÉLÈVES DE 3E. DANS LE GROUPE EXPÉRIMENTAL, LES CHERCHEURS INFORMAIENT ÉLÈVES ET PROFS QU'ILS PARTAGEAIENT CINQ POINTS COMMUNS.
PARLE ANGLAIS
AIME LA PLAGE
PRÉFÈRE LES ACTIVITÉS EN GROUPE
APPRÉCIE L'HUMOUR CHEZ UN AMI
N'AIME PAS FAIRE DU SPORT
DANS LE GROUPE TÉMOIN, ON PARLAIT AUX ÉLÈVES DES ÉLÈVES D'UNE AUTRE ÉCOLE.
CINQ SEMAINES PLUS TARD, LES ÉLÈVES DU GROUPE EXPÉRIMENTAL OBTENAIENT DE MEILLEURES NOTES ET SE SENTAIENT PLUS PROCHES DE LEURS PROFS.
A-

IL A ÉGALEMENT ÉTÉ MONTRÉ QUE LES ENSEIGNANTS OBTIENNENT DE MEILLEURS RÉSULTATS QUAND LE DIRECTEUR RECONNAÎT LEURS FORCES INDIVIDUELLES ET ENCOURAGE LA COLLABORATION...
OBJECTIFS DU GROUPE

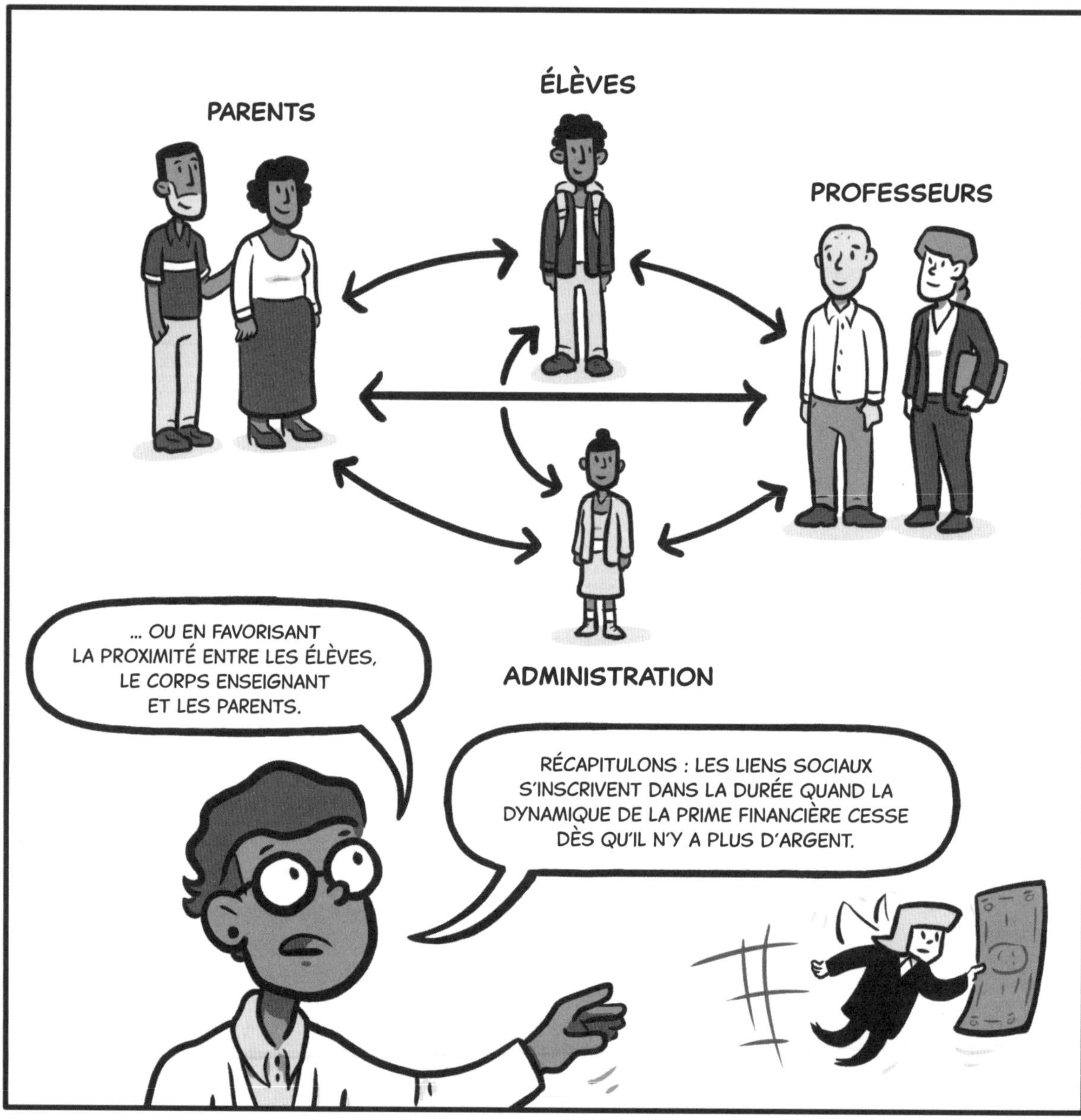
ÉLÈVES
PARENTS
PROFESSEURS
ADMINISTRATION
... OU EN FAVORISANT LA PROXIMITÉ ENTRE LES ÉLÈVES, LE CORPS ENSEIGNANT ET LES PARENTS.
RÉCAPITULONS : LES LIENS SOCIAUX S'INSCRIVENT DANS LA DURÉE QUAND LA DYNAMIQUE DE LA PRIME FINANCIÈRE CESSE DÈS QU'IL N'Y A PLUS D'ARGENT.

LES NORMES SOCIALES SONT ÉGALEMENT CRUCIALES POUR CES DÉFIS À GRANDE ÉCHELLE PARCE QU'INVESTIR DANS L'AVENIR NE FONCTIONNE QUE SI CHACUN FAIT SA PART.
DANS UN CONTEXTE DE MARCHÉ, LES SOURCES DE MOTIVATION SONT RARES.
J'EN RETIRE QUOI?
SUFFISAMMENT POUR QUE ÇA EN VAILLE LA PEINE?
POUR L'ENGAGEMENT CIVIQUE, C'EST UN VÉRITABLE OBSTACLE.
EH.
LA SOCIÉTÉ PEUT S'EFFONDRER SI CHACUN NE FAIT PAS SA PART, COMME LA PARTICIPATION EN TERMES DE DEVOIR DE JURÉ, DE VOTE, DE GOUVERNANCE LOCALE...
LA JUSTICE NE PEUT FONCTIONNER SANS JURY, ET POURTANT, CERTAINES COURS ENREGISTRENT JUSQU'À 50 % D'ABSENTS AUX CONVOCATIONS.
GÉNÉRALEMENT, LES JURÉS SONT PAYÉS À UN TAUX INFÉRIEUR AU SALAIRE MINIMUM.
POUR : VOUS
AUJOURD'HUI
MENUE MONNAIE
CONTRE : UNE JOURNÉE DE TRAVAIL
NE PEUT-ON LES CONVAINCRE DE PARTICIPER EN LES PAYANT PLUS?

UNE ÉTUDE CONDUITE EN 2006-2008 DANS L'ÉTAT DE WASHINGTON AUX ÉTATS-UNIS A RÉPONDU À CETTE QUESTION.
LES CHERCHEURS ONT VOULU SAVOIR SI PASSER DE LA COMPENSATION STANDARD DE 10$/JOUR À 60$/JOUR* AMÉLIORERAIT LES CHOSES.
* SALAIRE MINIMUM MOYEN À L'ÉPOQUE
J'AI UN MAUVAIS PRESSENTIMENT...
SI TU PENSES QUE ÇA N'A RIEN CHANGÉ, TU AS GAGNÉ!
LES CHERCHEURS N'ONT PU QUE CONSTATER QUE LES JURÉS ÉTAIENT LÉGÈREMENT MOINS SUSCEPTIBLES DE RÉPONDRE À LEUR CONVOCATION LORSQU'ON LEUR OFFRAIT PLUS D'ARGENT.
SÉRIEUX?
OUI CAR LES CITOYENS NE CONSIDÉRAIENT PLUS LE DEVOIR DE JURÉ COMME UNE OBLIGATION SOCIALE, MAIS COMME UN JOB ENNUYEUX ET MAL RÉMUNÉRÉ.
BAH... SANS MOI.
D'APRÈS LA RECHERCHE, IL SERAIT PLUS EFFICACE D'ESSAYER DE SUPPRIMER LES BARRIÈRES CULTURELLES ET DE METTRE L'ACCENT SUR L'IMPORTANCE SOCIALE DE LA PARTICIPATION.
VENEZ!
NOUS AVONS UN INTERPRÈTE!
VOTRE COMMUNAUTÉ A BESOIN DE VOUS!

CELA EST VALABLE DANS D'AUTRES CONTEXTES, CAR IL EST PROUVÉ QUE CEUX QUI SE PLIENT AU DEVOIR DE JURÉ SERONT PLUS ENCLINS À RÉITÉRER D'AUTRES GESTES CIVIQUES...
... LE VOTE?!
SEULS 61,4 % DES CITOYENS EN ÂGE DE VOTER ONT PARTICIPÉ AU SCRUTIN PRÉSIDENTIEL AMÉRICAIN DE 2016.
AÏE!
CERTAINS NE VOTENT PAS EN RAISON DE BARRIÈRES D'ORDRE PRATIQUE, MAIS BEAUCOUP D'AUTRES ESTIMENT QUE LEUR VOIX NE CHANGERA RIEN.
COMMENT LES FAIRE CHANGER D'AVIS?
VOTER EST UNE EXPÉRIENCE SOCIALE...
... ALORS LES NORMES SOCIALES PEUVENT AIDER!
SOUVIENS-TOI : L'INDIVIDU EST PLUS ENCLIN À ADOPTER UN COMPORTEMENT QU'IL IMAGINE ÊTRE GÉNÉRALISÉ PARMI SES PAIRS.
C'EST UN BON MOYEN POUR LES ATTIRER JUSQU'AUX URNES!

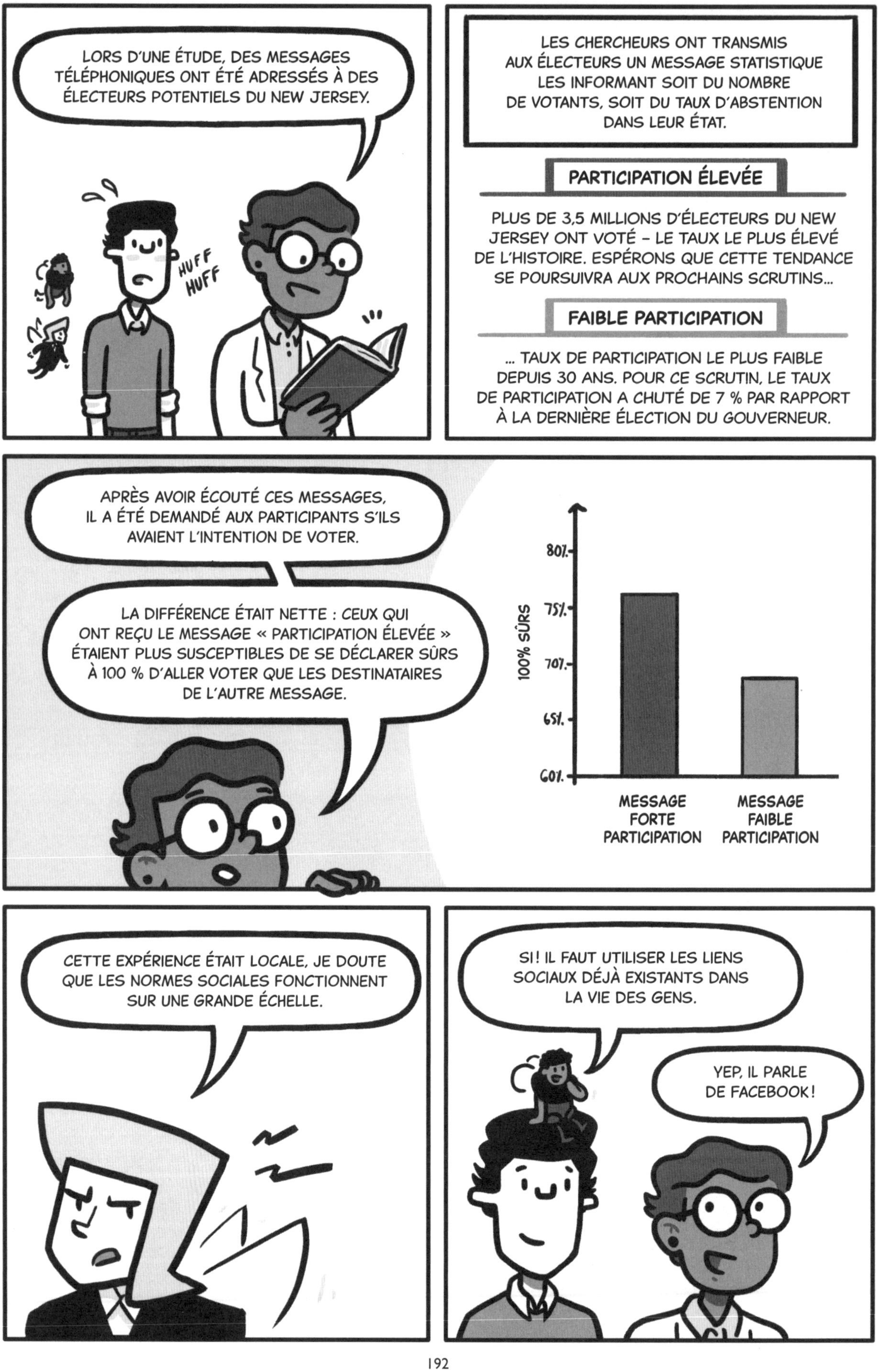
LORS D'UNE ÉTUDE, DES MESSAGES TÉLÉPHONIQUES ONT ÉTÉ ADRESSÉS À DES ÉLECTEURS POTENTIELS DU NEW JERSEY.
HUFF HUFF
LES CHERCHEURS ONT TRANSMIS AUX ÉLECTEURS UN MESSAGE STATISTIQUE LES INFORMANT SOIT DU NOMBRE DE VOTANTS, SOIT DU TAUX D'ABSTENTION DANS LEUR ÉTAT.
PARTICIPATION ÉLEVÉE
PLUS DE 3,5 MILLIONS D'ÉLECTEURS DU NEW JERSEY ONT VOTÉ – LE TAUX LE PLUS ÉLEVÉ DE L'HISTOIRE. ESPÉRONS QUE CETTE TENDANCE SE POURSUIVRA AUX PROCHAINS SCRUTINS...
FAIBLE PARTICIPATION
... TAUX DE PARTICIPATION LE PLUS FAIBLE DEPUIS 30 ANS. POUR CE SCRUTIN, LE TAUX DE PARTICIPATION A CHUTÉ DE 7 % PAR RAPPORT À LA DERNIÈRE ÉLECTION DU GOUVERNEUR.
APRÈS AVOIR ÉCOUTÉ CES MESSAGES, IL A ÉTÉ DEMANDÉ AUX PARTICIPANTS S'ILS AVAIENT L'INTENTION DE VOTER.
LA DIFFÉRENCE ÉTAIT NETTE : CEUX QUI ONT REÇU LE MESSAGE « PARTICIPATION ÉLEVÉE » ÉTAIENT PLUS SUSCEPTIBLES DE SE DÉCLARER SÛRS À 100 % D'ALLER VOTER QUE LES DESTINATAIRES DE L'AUTRE MESSAGE.
100% SÛRS
80%
75%
70%
65%
60%
MESSAGE FORTE PARTICIPATION
MESSAGE FAIBLE PARTICIPATION
CETTE EXPÉRIENCE ÉTAIT LOCALE, JE DOUTE QUE LES NORMES SOCIALES FONCTIONNENT SUR UNE GRANDE ÉCHELLE.
SI ! IL FAUT UTILISER LES LIENS SOCIAUX DÉJÀ EXISTANTS DANS LA VIE DES GENS.
YEP, IL PARLE DE FACEBOOK !

IL Y A EU UNE ÉTUDE MENÉE SUR 61 MILLIONS D'UTILISATEURS DE FACEBOOK.
61 MILLIONS !
EN 2010, JOUR D'ÉLECTION AU CONGRÈS AMÉRICAIN, LES CHERCHEURS ONT TESTÉ L'IMPACT D'UN VOTE ASSIMILÉ À UNE EXPÉRIENCE SOCIALE.
LES UTILISATEURS ONT ÉTÉ RÉPARTIS AU HASARD DANS TROIS GROUPES.
TÉMOIN
INFORMATIF
SOCIAL
POUR LES UTILISATEURS DU GROUPE TÉMOIN, FACEBOOK FONCTIONNAIT COMME D'HABITUDE.
PURNSLEY
10 MINUTES AGO
J. A. CRAFT
1 HOUR AGO
LES UTILISATEURS DU GROUPE INFORMATIF ONT VU CECI DANS LEUR FIL D'ACTUALITÉ :
JOUR DE VOTE !
TROUVEZ VOTRE BUREAU DE VOTE ICI ET CLIQUEZ SUR « A VOTÉ » POUR PRÉVENIR VOS AMIS.
01155376
UTILISATEURS FACEBOOK ONT VOTÉ
VOTE
A VOTÉ !
IDEM POUR LE MESSAGE DU GROUPE SOCIAL, ILLUSTRÉ DE LA PHOTO DE SIX AMIS AYANT INDIQUÉ AVOIR VOTÉ.
JOUR DE VOTE !
TROUVEZ VOTRE BUREAU DE VOTE ICI ET CLIQUEZ SUR « A VOTÉ » POUR PRÉVENIR VOS AMIS.
01155376
UTILISATEURS FACEBOOK ONT VOTÉ
VOTE
A VOTÉ !
LISA, JAKE ET 18 AUTRES AMIS ONT VOTÉ.

LES UTILISATEURS DU GROUPE SOCIAL ÉTAIENT 2,08 % PLUS SUSCEPTIBLES DE CLIQUER SUR « A VOTÉ ! » QUE CEUX DU GROUPE INFORMATIF.
A VOTÉ !
LES CHERCHEURS ONT PU VÉRIFIER SUR LES REGISTRES ÉLECTORAUX QUELS UTILISATEURS AVAIENT EFFECTIVEMENT VOTÉ.
LISTE DES VOTANTS
ET?
LE MESSAGE INFORMATIF N'A EU AUCUN EFFET SUR LA PARTICIPATION – L'INFORMATION SEULE NE SUFFISAIT PAS À MODIFIER LES COMPORTEMENTS.
SCROLL
SCROLL
CEPENDANT, LES UTILISATEURS DU GROUPE SOCIAL ONT ÉTÉ 0,39 % PLUS SUSCEPTIBLES DE VOTER QUE CEUX DU GROUPE TÉMOIN.
C'EST FAIT !
A VOTÉ !
CERTES, LE CHIFFRE EST MINIME, MAIS IL MONTRE QU'UN PETIT AJUSTEMENT PEUT MODIFIER LE COMPORTEMENT DE NOMBREUX ÉLECTEURS POTENTIELS.
IL A ÉTÉ ESTIMÉ QUE L'EXPÉRIENCE ÉTAIT DIRECTEMENT À L'ORIGINE DE 60 000 VOIX SUPPLÉMENTAIRES – ET DE 280 000 DE PLUS CHEZ LES AMIS D'AMIS AYANT VU LE MESSAGE.
SOIT 340 000 VOIX DE PLUS GRÂCE À UN SEUL MESSAGE METTANT L'ACCENT SUR LA NORME SOCIALE DU VOTE…

INCROYABLE ! JE N'IMAGINAIS PAS CES NORMES AUSSI FACILES À APPLIQUER À GRANDE ÉCHELLE !
JE SAVAIS QUE TU CHANGERAIS D'AVIS.
POUR DES DÉFIS DE GRANDE AMPLEUR, MIEUX VAUT COMMENCER PAR CERNER QUELLES NORMES SERONT LES PLUS EFFICACES.
EN GÉNÉRAL, POUR AMÉLIORER DES RÉSULTATS, NOUS AVONS TENDANCE À NOUS TOURNER VERS LE MONDE DU MARCHÉ, ALORS QU'IL FAUDRAIT PLUTÔT SE DEMANDER SI LES NORMES SOCIALES NE SERAIENT PAS PLUS EFFICACES.
LES MOTIVATIONS FINANCIÈRES FONCTIONNENT POUR ATTEINDRE UN BUT PRÉCIS.
PARC
ABANDON DE DÉTRITUS : 200 € D'AMENDE !
MAIS LES NORMES SOCIALES SONT PLUS EFFICACES POUR CHANGER LES HABITUDES ET LES SOURCES DE MOTIVATION.
PARC
LA VILLE EST FIÈRE DE SES PARCS. AIDEZ-NOUS À GARDER CET ESPACE PROPRE EN RAMASSANT VOS DÉTRITUS.

À CHACUN SON BOULOT !
ÇA MARCHE !
LE CHOIX DES NORMES SOCIALES OU CELLES DU MARCHÉ EST STRATÉGIQUE POUR ENCOURAGER L'INDIVIDU À AGIR AU MIEUX DE SES INTÉRÊTS, DE CEUX QUI L'ENTOURENT ET DU MONDE EN GÉNÉRAL.
WAOUH ! JE SUIS VRAIMENT MOTIVÉ POUR FAIRE DE BONS CHOIX !
IL FAUT PARFOIS COMPOSER AVEC LES NORMES DU MARCHÉ DÉJÀ EN PLACE...
10
MAIS IL SUFFIT D'Y AJOUTER DES NORMES SOCIALES GRÂCE À UN BRIN DE CRÉATIVITÉ ET UNE PLEINE CONSCIENCE DES MOTIVATIONS EN JEU.

J'AI COMPRIS ! QUE CE SOIT POUR MES CADEAUX D'ANNIVERSAIRE OU POUR DES DÉFIS PLUS GLOBAUX, LES MÊMES RÈGLES S'APPLIQUENT !

OUI ! ET ÇA VA MÊME PLUS LOIN !
DONS CARITATIFS, IMPÔTS, DONS D'ORGANES… TOUT PEUT BÉNÉFICIER D'UNE ADÉQUATION ENTRE BONNES NORMES ET BONS OBJECTIFS.
TOUT COMPTE
DONNEUR D'ORGANE

CHAPITRE NEUF
MISE EN PRATIQUE !
QUELQUES SEMAINES DE RÉFLEXION PLUS TARD...
ENTRE, DANA, NOUS AVONS UNE SURPRISE POUR TOI.
PAS DU CAKE, J'ESPÈRE... BEURK...

TU NOUS AS BEAUCOUP APPRIS CETTE ANNÉE!
OH! MERCI BEAUCOUP!
ÇA M'A OUVERT LES YEUX! ET J'AI DÉCIDÉ DE FÊTER ÇA!
ET CETTE FOIS, IL AURA TOUT BON!
ON PREND LES MÊMES ET ON RECOMMENCE, MAIS JE VEUX MONTRER CE QUE J'AI APPRIS DES NORMES SOCIALES ET DU MARCHÉ!
€€€
NOUS AVONS EXPLORÉ LES NOMBREUX CAS OÙ LES NORMES SOCIALES FERAIENT LA DIFFÉRENCE. VOYONS CE QUE TU AS RETENU!
ENTRE, ENTRE!

TU M'AS APPRIS QUE NOUS VIVIONS ENTRE DEUX MONDES : CELUI DES NORMES DU MARCHÉ ET CELUI DES NORMES SOCIALES.
L'UN EST AXÉ SUR L'INTÉRÊT PERSONNEL ET LE RAPPORT COÛT/AVANTAGES...
... L'AUTRE SUR NOS RELATIONS ET INTERACTIONS SOCIALES.
ET J'AI CONSTATÉ À MAINTES REPRISES QUE LE MONDE SOCIAL ET LE MONDE DU MARCHÉ NE FAISAIENT PAS BON MÉNAGE.
DÎNER DE FAMILLE
PREMIER RENDEZ-VOUS
TOMATES
JE SAIS DÉSORMAIS QUE MON MONDE SOCIAL S'ÉPANOUIT MIEUX SI JE LE PRÉSERVE DES NORMES DU MARCHÉ!
RIEN NE CLOCHE DANS LE MONDE DU MARCHÉ – C'EST JUSTE QU'IL NE SE COMBINE PAS BIEN AVEC MES LIENS SOCIAUX... ET VICE VERSA.
HMPH!

AVOIR RECOURS SIMULTANÉMENT À LA MOTIVATION SOCIALE ET À CELLE DU MARCHÉ NE M'A ATTIRÉ QUE DES ENNUIS.
ELLES NE SONT TOUT SIMPLEMENT PAS CUMULABLES.
CHAQUE MONDE POSSÈDE SES PROPRES AVANTAGES, COÛTS ET ATTENTES.
€€€
POUR DES ÉCHANGES PRÉCIS ET DES CHANGEMENTS À COURT TERME BIEN DÉFINIS
POUR ENTRETENIR DES LIENS ET APPORTER DES CHANGEMENTS SIGNIFICATIFS ET À LONG TERME
IL EST IMPORTANT DE SAVOIR CE QUE NOUS VOULONS RETIRER D'UNE SITUATION OU D'UNE RELATION...
... CAR NOS ACTIONS PEUVENT MODIFIER PROFONDÉMENT LA FAÇON DONT LES AUTRES NOUS PERÇOIVENT ET RÉAGISSENT.

CHOISIR D'INSISTER SUR LES NORMES SOCIALES OU SUR CELLES DU MARCHÉ INFLUENCE L'ÉTAT D'ESPRIT DES PERSONNES CONCERNÉES.
BRAVO, ADAM! ALORS, CETTE FÊTE?
C'EST PAR LÀ!
L'AN DERNIER, TRÈS GENTIMENT, MES AMIS M'ONT OFFERT DES CADEAUX QUI NE ME PLAISAIENT PAS; J'AI ÉTÉ FRUSTRÉ.
HEY!
IL ÉTAIT À DEUX DOIGTS DE LEUR DEMANDER D'OUBLIER LES CADEAUX ET DE LUI DONNER DU CASH À LA PLACE.
OH?
MAIS J'AI COMPRIS QUE CE SERAIT UNE ERREUR.

LE BUT DE CETTE FÊTE, C'EST DE PROFITER DE MES AMIS ET DE CÉLÉBRER NOTRE AMITIÉ... PAS DE ME FAIRE DE L'ARGENT !
C'EST POURQUOI, CETTE ANNÉE, JE M'Y SUIS PRIS DIFFÉREMMENT.
VOILÀ L'INVITATION.
C'EST L'ANNIV' D'ADAM !
CADEAUX BIENVENUS...
APPORTEZ POUR LA MAISON QUELQUE CHOSE QUI ME RAPPELLE NOTRE AMITIÉ
J'AI COMPRIS COMMENT RECEVOIR DES CADEAUX PLUS GRATIFIANTS QUI RENFORCENT LES LIENS SOCIAUX.
BRAVO !
CLAP
CLAP

CE N'EST PAS TOUT !
CADEAUX BIENVENUS...
APPORTEZ POUR LA MAISON QUELQUE CHOSE QUI ME RAPPELLE NOTRE AMITIÉ.
DÉCO PARTY !
VENEZ, ON VA BOIRE, REDÉCORER ET S'AMUSER TOUS ENSEMBLE !
-ADAM
JE DOIS VOUS AVOUER QU'À UN MOMENT, J'AI PENSÉ PAYER UNE COPINE POUR M'AIDER À REDÉCORER LA MAISON.
LÀ !
MAINTENANT, JE SAIS QUE MES AMIS M'AIMENT ET SONT LÀ POUR M'AIDER ! ALORS POURQUOI NE PAS PASSER UN BON MOMENT TOUS ENSEMBLE ?
WAOUH !

J'AI AUSSI APPRIS QUE MÉLANGER ARGENT ET AMITIÉ POUVAIT DÉTRUIRE UNE RELATION SOCIALE.
OUI !
LA BONNE IDÉE, C'EST DONC DE RASSEMBLER TOUT LE MONDE !
ILS FONT ÇA GRATUITEMENT ? J'HALLUCINE !
MAIS ILS Y GAGNENT ! UNE CONNEXION, DE LA CHALEUR HUMAINE ! ET PUIS ILS VERRONT LE RÉSULTAT DE LEUR TRAVAIL À CHAQUE FOIS QU'ILS RENDRONT VISITE À ADAM !
TOUS LES INGRÉDIENTS D'UNE FÊTE RÉUSSIE SONT RÉUNIS, SANS SE PRENDRE LA TÊTE SUR LES CADEAUX ET L'ARGENT !
ET ON PERÇOIT LONGTEMPS LES DIVIDENDES SOCIAUX DE L'AMITIÉ !

SUPER FÊTE, ADAM! MAIS OÙ SONT LES ENFANTS?
JE LES AI CONFIÉS À L'ADO DU VOISIN.
JE LUI AI DIT DE FAIRE PREUVE DE BON SENS, DE NE PAS LES BOURRER DE SUCRE ET DE LES RAMENER À 23 HEURES!
ET C'EST TOUT? ET TU N'ES PAS INQUIET?
NON! JE SAIS QU'ELLE SUIVRA SON INSTINCT. JE RÉSERVE DORÉNAVANT LES LONGS CONTRATS À MES DÉCISIONS MATÉRIELLES...
MIAM!
... COMME POUR CE FOUR. POUR CELUI-LÀ, J'AI LU TOUTES LES LIGNES MINUSCULES AU BAS DE LA GARANTIE.
TAP TAP

JE NE SUIS PAS NAÏF, IL FAUT ACCEPTER LES NORMES DU MARCHÉ...
TOPE LÀ !
... MAIS PAS À MA FÊTE !
DÉSORMAIS, JE DISCERNE MIEUX S'IL FAUT ENVISAGER UNE SITUATION D'UN POINT DE VUE SOCIAL OU D'UN POINT DE VUE FINANCIER.
MÊME À PLUS GRANDE ÉCHELLE, JE VOIS QUE ÇA NE DONNE RIEN DE BON QUAND CES NORMES SE MÉLANGENT
MÊME EN POLITIQUE... ON PENSE QUE LES LOIS, LES AMENDES ET LES MOTIVATIONS FINANCIÈRES SUFFIRONT À RÉSOUDRE NOS PROBLÈMES...
C'EST VRAI !
... EN OUBLIANT QUE L'ENVIE DE S'INTÉGRER, DE SE SENTIR CONNECTÉ ET DE SE COMPARER À NOS PAIRS PEUT SERVIR À SUSCITER LE CHANGEMENT.
ABSOLUMENT !

OUAH, ADAM, TU AS BEAUCOUP APPRIS !
IL N'ESSAIE MÊME PLUS DE ME PAYER POUR EMMENER LES ENFANTS À L'ÉCOLE !
QU'EST-CE QUE TU DIS ?
RIEN, RIEN...
Hum...
ALORS? QUE VAS-TU M'APPRENDRE MAINTENANT?
EN FAIT, JE VAIS TE LAISSER TRANQUILLE...
J'AI D'AUTRES ÂMES PERDUES À AIDER !
DÉCIDEURS, P-DG, TU VOIS LE TABLEAU...

CONTINUE À APPRENDRE PAR TOI-MÊME ET PASSE LE MESSAGE !
ON CROIT EN TOI !
BZIP !
J'ACCOMPAGNE LES FÉES AUPRÈS DU GÉRANT D'UNE ÉPICERIE TRÈS MAL INFORMÉ...
JE NE T'OUBLIERAI JAMAIS !
BAH... TU N'ES QU'UN NUMÉRO POUR MOI, MAIS C'ÉTAIT SYMPA !
AU REVOIR LES AMIS !

PiNG!

NOTES

1. DEUX MONDES DIFFÉRENTS

35 *L'expérience des cercles* : James Heyman et Dan Ariely, "Effort for Payment: A Tale of Two Markets" (« Effort contre rétribution : le conte des deux marchés »), *Psychological Science* 15, n° 11 (novembre 2004), p. 787-793.

2. LA SPHÈRE PRIVÉE

54 *La « douleur de payer »* : Dan Ariely, *C'est (vraiment ?) moi qui décide : les raisons cachées de nos choix* (Flammarion, 2016).

3. DONNER POUR RECEVOIR

62 *L'expérience des cercles* : James Heyman et Dan Ariely, "Effort for Payment: A Tale of Two Markets" (« Effort contre rétribution : le conte des deux marchés »), *Psychological Science* 15, n° 11 (novembre 2004), p. 787-793.

67 *Le cycle du don* : Lalin Anik, Lara B. Aknin, Michael I. Norton et Elizabeth W. Dunn, "Feeling Good About Giving: The Benefits (and Costs) of Self-Interested Charitable Behavior" (« Donner et avoir bonne conscience : les avantages [et les coûts] d'un comportement généreux motivé par l'intérêt personnel »), travaux de recherche 10-012, Harvard Business School, 2009.

74 *Les différents types de cadeaux* : Guy Hochman, "Gift Giving Survey" (« Sondage sur les dons en nature »), (travaux de recherche, Duke University, 2013).

4. AU TRAVAIL !

87 *Étude de 2008 de Nina Mazar, On Amir et Dan Ariely* : Nina Mazar, On Amir et Dan Ariely, "The Dishonesty of Honest People: A Theory of Self-Concept Maintenance" (« La malhonnêteté des gens honnêtes : une théorie de la culture de l'image de soi »), *Journal of Marketing Research* 45, n° 4 (décembre 2008), p. 633-644.

5. VOLONTÉ ET MOTIVATION AU TRAVAIL

94 *La préférence pour l'argent* : Victoria A. Shaffer et Hal R. Arkes, "Preference Reversals in Evaluations of Cash Versus Non-Cash Incentives" (« Inversion de la préférence dans le rapport primes financières contre primes en nature »), *Journal of Economic Psychology* 30, n° 6 (décembre 2009), p. 859-872.

99 *Étude de 2009 dans un village pauvre d'Inde* : Dan Ariely, Uri Gneezy, George Loewenstein et Nina Mazar, "Large Stakes and Big Mistakes" (« Grands enjeux et grosses erreurs »), *Review of Economic Studies* 76, n° 2 (2009), p. 451-469.

101 *L'expérience du fabricant de pneus Goodyear* : John M. Jack et Tom K. Gravalos, "The Trouble with Money" (« L'argent, ce problème »), *Business Insider Worldwide* (Minneapolis, BI Performance Services, 1995).

104 *La productivité affectée par les primes à court terme* : Liad Bareket-Bojmel, Guy Hochman et Dan Ariely, "It's (Not) All About the Jacksons: Testing Different Types of Short-Term Bonuses in the Field" (« Quelques bonus à court terme testés sur le terrain »), *Journal of Management* 45, n°2 (février 2017), p. 534-554 (publié en ligne en 2014).

107 *L'expérience menée sur les étudiants d'une université allemande* : Sebastian Kube, Michel André Maréchal et Clemens Puppe, "The Currency of Reciprocity: Gift Exchange in the Workplace" (« La réciprocité en tant que devise monétaire : échange de cadeaux sur le lieu de travail »), *American Economic Review* 102, n° 4 (2012), p. 1644-1662.

110 *La motivation intrinsèque* : Richard M. Ryan et Edward L. Deci, "Self-Determination Theory and the Facilitation of Intrinsic Motivation, Social Development, and Well-Being" (« La théorie de l'autodétermination ou comment favoriser la motivation intrinsèque, le développement social et le bien-être »), *American Psychologist* 55, n° 1 (janvier 2000), p. 68-78.

112 *Étude de 1973 de Mark Lepper et David Greene sur de jeunes enfants et le dessin* : Mark R. Lepper, David Greene et Richard E. Nisbett, "Undermining Children's Intrinsic Interest with Extrinsic Reward: A Test of the 'Overjustification' Hypothesis" (« Saper la motivation intrinsèque des enfants par une récompense extrinsèque : test de l'hypothèse de "sur-justification" »), *Journal of Personality and Social Psychology* 28, n° 1 (1973), p. 129-137.

6. ALLER-RETOUR POUR LE MARCHÉ

131 *Étude de 2001 sur les garderies* : Uri Gneezy et Aldo Rustichini, "A Fine Is a Price" (« Une amende est un prix »), *Journal of Legal Studies* 29, n° 1 (janvier 2000), p. 1-17.

136 *Netflix* : Nick Wingfield et Brian Stelter, "How Netflix Lost 800,000 Members, and Good Will" (« Comment Netflix a perdu 800 000 abonnés et sa bienveillance »), *New York Times*, 24 octobre 2011.

139 *L'étude de Stephan Meier à l'université de Zurich* : Stephan Meier, "Do Subsidies Increase Charitable Giving in the Long Run? Matching Donations in a Field Experiment" (« Les subventions augmentent-elles les dons caritatifs sur le long terme ? Expérience sur le terrain »), *Journal of the European Economic Association* 5, n° 6 (décembre 2007), p. 1203-1222.

7. QUESTION DE BON SENS

153 *Le contrat exhaustif, du temps et des efforts* : Keith J. Crocker et Kenneth J. Reynolds, "The Efficiency of Incomplete Contracts: An Empirical Analysis of Air Force Engine Procurement" (« L'efficacité des contrats incomplets : analyse empirique de l'approvisionnement en moteurs de l'armée de l'air »), *Rand Journal of Economics* 24, n° 1 (printemps 1993), p. 126-146.

158 *Divorces et comptes bancaires séparés* : Catherine Kenney et Ryan Bogle, "Money, Honey If You Want to Get Along with Me: Money Management and Union Dissolution in Marriage and Cohabitation" (« La gestion de l'argent dans l'échec du mariage et de la cohabitation »), travaux de recherche n° 25, Princeton University, Woodrow Wilson School of Public and International Affairs, Center for Research on Child Wellbeing, mai 2010.

158 *La générosité, facteur de réussite d'un mariage* : Tara Parker-Pope, "Is Generosity Better Than Sex?" (« La générosité meilleure que le sexe ? »), *New York Times*, 11 décembre 2011, https://archive.nytimes.com/query.nytimes.com/gst/ fullpage-9F04E5DA1139F932A25751C1A9679D8B63.html.

167 *Étude de 2014 de Stephen M. Garcia* : Stephen M. Garcia, Patricia Chen et Matthew T. Gordon, "The Letter Versus the Spirit of the Law: A Lay Perspective on Culpability" (« Lettre et esprit de la loi : point de vue profane sur la culpabilité »), *Judgment and Decision Making* 9, n° 5 (septembre 2014), p. 479-490.

170 *Étude de Barry Schwartz et Kenneth Sharpe sur les tâches du personnel de ménage dans les hôpitaux* : Barry Schwartz et Kenneth E. Sharpe, "Practical Wisdom: Aristotle Meets Positive Psychology" « La sagesse au quotidien : quand Aristote rencontre la psychologie positive »), *Journal of Happiness Studies* 7, n° 3 (2006), p. 377-395 ; Barry Schwartz et Kenneth E. Sharpe, *Practical Wisdom: The Right Way to Do the Right Thing* (« La sagesse au quotidien : la bonne façon de bien agir »), New York, Riverhead Books, 2010.

8. À GRANDE ÉCHELLE

177 *Baisse des réserves des aquifères* : Alexandra S. Richey, Brian F. Thomas, Min-Hui Lo, John T. Reager, James S. Famiglietti, Katalyn Voss, Sean Swenson et Matthew Rodell, "Quantifying Renewable Groundwater Stress with GRACE" (« Évaluer l'épuisement des eaux souterraines renouvelables grâce aux données de la mission GRACE »), *Water Resources Research* 51, n° 7 (2015), p. 5217-5238.

177 *Pollution de l'air, 200 000 décès prématurés aux États-Unis* : Fabio Caiazzo, Akshay Ashok, Ian A. Waitz, Steve H. L. Yim et Steven R. H. Barrett, "Air Pollution and Early Deaths in the United States, Part I: Quantifying the Impact of Major Sectors in 2005" (« Pollution de l'air et décès prématurés aux États-Unis, 1re partie : évaluation de l'impact des grands secteurs en 2005 »), *Atmospheric Environment* 79 (2013), p. 198-208.

178 *Affichettes pour la réutilisation des serviettes dans les hôtels – étude de 2008* : Noah J. Goldstein, Robert B. Cialdini et Vladas Griskevicius, "A Room with a Viewpoint: Using Social Norms to Motivate Environmental Conservation in Hotels" (« Chambre avec point de vue : les normes sociales pour motiver la préservation de l'environnement dans les hôtels »), *Journal of Consumer Research* 35, n° 3 (2008), p. 472-482.

180 *Autre étude sur le terrain* : Katie Baca-Motes, Amber Brown, Ayelet Gneezy, Elizabeth A. Keenan et Leif D. Nelson, "Commitment and Behavior Change: Evidence from the Field" (« Engagement et modification de comportement : observations sur le terrain »), *Journal of Consumer Research* 39, n° 5 (2012), p. 1070-1084.

181 *L'entreprise Opower et les normes sociales* : Hunt Allcott, "Social Norms and Energy Conservation" (« Normes sociales et économies d'énergie »), *Journal of Public Economics* 95, n° 9-10 (octobre 2011), p. 1082-1095.

183 *Expérience dans les écoles publiques de New York, Dallas et Chicago* : Roland G. Fryer, Jr., "Financial Incentives and Student Achievement: Evidence from Randomized Trials" (« Primes financières et réussite des élèves : observations via des tests randomisés »); *Quarterly Journal of Economics* 126, n° 4 (mai 2011), p. 1755-1798.

184 *Amélioration des résultats aux tests dans certaines écoles* : Marianne Perie et David P. Baker, "Job Satisfaction Among America's Teachers: Effects of Workplace Conditions, Background Characteristics, and Teacher Compensation" (« Satisfaction chez les enseignants américains : impact des conditions de travail, du contexte général et de la compensation des professeurs »), Statistical Analysis Report, National Center for Education Statistics, juillet 1997.

184 *La motivation des professeurs sapée par le système de primes* : Lisa Guisbond, Monty Neill et Bob Schaeffer, "NCLB's Lost Decade for Educational Progress: What Can We Learn from This Policy Failure?" (« La loi NCLB [aucun enfant laissé pour compte] ou une décennie perdue pour l'éducation : quelles leçons tirer de cet échec ? »), *Educação & Sociedade* 33, n° 119 (2012), p. 405-430.

184 *Gérer les problèmes sous-jacents pour un changement profond* : Valerie Strauss, "No Child Left Behind's Test-Based Policies Failed. Will Congress Keep Them Anyway?" (« L'échec des politiques basées sur la loi NCLB [aucun enfant laissé pour compte]. Que fera le Congrès ? »), *Washington Post*, 13 février 2015.

185 *Envoi de deux SMS hebdomadaires* : Peter Bergman, "Parent-Child Information Frictions and Human Capital Investment: Evidence from a Field Experiment" (« Frictions parents-enfants en matière d'information et investissement dans le capital humain : observations sur le terrain »), CESifo travaux de recherche séries n° 5391, 24 juin 2015.

185 *Meilleurs résultats chez les élèves et les enseignants motivés de façon intrinsèque* : Ronald D. Sylvia et Tony Hutchison, "What Makes Ms. Johnson Teach? A Study of Teacher Motivation" (« Pourquoi choisir d'enseigner ? Étude sur la motivation des enseignants »), *Human Relations* 38, n° 9 (septembre 1985), p. 841-856.

187 *Cinq points communs élèves/professeurs* : Hunter Gehlbach, Maureen E. Brinkworth, Aaron M. King, Laura M. Hsu, Joseph McIntyre et Todd Rogers, "Creating Birds of Similar Feathers: Leveraging Similarity to Improve Teacher-Student Relationships and Academic Achievement" (« Tirer parti de la similitude pour améliorer les relations élèves-professeurs et la réussite académique »), *Journal of Educational Psychology* 108, n° 3 (2016), p. 342-352.

189 *Jusqu'à 50 % de non-présentation dans certaines cours de justice* : Maxine Bernstein, "Judges Cracking Down on People Who Snub Jury Duty" (« Les juges sévissent face aux manquements en matière de devoir de juré »), Associated Press, 21 mai 2017, https://apnews.com/62b279c38615469fb9bee505c9c66ff5.

190 *Jurés mieux payés, plus de non-présentation* : Andrew J. Bloeser, Carl McCurley et Jeffery J. Mondak, "Jury Service as Civic Engagement: Determinants of Jury Summons Compliance" (« Le devoir de juré en tant qu'engagement civique : facteurs déterminants de l'obligation à ne pas s'y soustraire »), *American Politics Research* 40, n° 2 (2012), p. 179-204.

191 *Élection présidentielle américaine de 2016* : Thom File, "Characteristics of Voters in the Presidential Election of 2016" (« Élection présidentielle de 2016 : caractéristiques des électeurs »), Bureau de recensement des États-Unis, septembre 2018, https://www.census.gov/content/dam/Census/library/ publications/2018/demo/P20-582.pdf.

192 *Message de participation élevée – sujets plus susceptibles de se déclarer sûrs à 100 % de voter* : Alan S. Gerber et Todd Rogers, "Descriptive Social Norms and Motivation to Vote: Everybody's Voting and so Should You" (« Normes sociales et motivation électorale : tout le monde vote, vous devriez donc en faire autant »), *Journal of Politics* 71, n° 1 (2009) p. 178-191.

194 *Utilisateurs de Facebook et message social* : Robert M. Bond, Christopher J. Fariss, Jason J. Jones, Adam D. I. Kramer, Cameron Marlow, Jaime E. Settle et James H. Fowler, "A 61-Million-Person Experiment in Social Influence and Political Mobilization" (« Influence sociale et mobilisation électorale : une expérience menée sur 61 millions de personnes »), *Nature* 489, n° 7415 (2012), p. 295.

REMERCIEMENTS

Ce livre n'aurait pas vu le jour sans le soutien de nombreux membres du laboratoire de recherches en sciences comportementales du Center for Advanced Hindsight de l'université Duke. Votre vision, votre humour et votre patience ont comblé toutes nos lacunes. Merci d'avoir été à nos côtés tout au long de cette expérience.

Nous remercions également tous ceux qui ont contribué à ce projet, et particulièrement Jim Levine, Amanda Moon, Laird Gallagher et Benjamin Rosenstock.

À PROPOS DES AUTEURS

DAN ARIELY est professeur en psychologie et économie comportementale à l'université Duke (Caroline du Nord, États-Unis). Fondateur et directeur du Center for Advanced Hindsight, il a également coproduit le documentaire *(Dis)Honesty: The Truth About Lies*. Dan est l'auteur de *C'est (vraiment ?) moi qui décide*, *The Upside of Irrationality*, *Toute la vérité (ou presque) sur la malhonnêteté* et *Irrationally Yours*. Trois de ses ouvrages ont figuré sur la liste des best-sellers du *New York Times*.

MATT R. TROWER, illustrateur et dessinateur de bandes dessinées, vit à Durham, en Caroline du Nord (États-Unis). Artiste-résident du Center for Advanced Hindsight de l'université Duke, Matt passe son temps à métamorphoser des études scientifiques en art ; ses deux passions sont les toutous et les drag queens.

Achevé d'imprimer en mars 2020
sur les presses d'Unigraf
Dépôt légal : avril 2020
Imprimé en Espagne